U0599887

名师工作室成果文库

信息技术教师的
六顶思考帽

罗化瑜 主编

XINXI JISHU JIAOSHI DE
LIUDING SIKAOMAO

光明日报出版社

图书在版编目（CIP）数据

信息技术教师的六顶思考帽 / 罗化瑜主编 . -- 北京：
光明日报出版社，2019.11

（名师工作室成果文库）

ISBN 978 - 7 - 5194 - 5543 - 9

Ⅰ . ①信… Ⅱ . ①罗… Ⅲ . ①计算机课—教学研究—
高中 Ⅳ . ①G633.672

中国版本图书馆 CIP 数据核字（2019）第 210348 号

信息技术教师的六顶思考帽

XINXI JISHU JIAOSHI DE LIUDING SIKAOMAO

主　　编：罗化瑜

责任编辑：李月娥　　　　　　　　责任校对：赵鸣鸣
封面设计：中联学林　　　　　　　　责任印制：曹　净

出版发行：光明日报出版社

地　　址：北京市西城区永安路 106 号，100050

电　　话：010 - 63139890（咨询），010 - 63131930（邮购）

传　　真：010 - 63131930

网　　址：http：//book. gmw. cn

E - mail：liyuee@ gmw. cn

法律顾问：北京德恒律师事务所龚柳方律师

印　　刷：三河市华东印刷有限公司

装　　订：三河市华东印刷有限公司

本书如有破损、缺页、装订错误，请与本社联系调换，电话：010 - 63131930

开　　本：170mm×240mm

字　　数：207 千字　　　　　　　　印　张：15

版　　次：2019 年 11 月第 1 版　　　印　次：2019 年 11 月第 1 次印刷

书　　号：ISBN 978 - 7 - 5194 - 5543 - 9

定　　价：58.00 元

版权所有　　翻印必究

编　委

令狐林　曾月光　张荣庆
吴跃进　王希馗　金晓凌
戴　茂　李　艺

序

"忽如一夜春风来，千树万树梨花开。"仿佛一夜之间，信息化浪潮已经席卷全球，深入每一个行业、每一个家庭，小至每个个体，大至每个集团、每个国家都深受影响。信息化深刻地改变着我们的生活和工作。世界变得越来越小——"21世纪是信息化的世纪"绝不夸张。

人改变着世界，人也不得不去适应世界的改变，而教育则不只是单纯地适应世界，而应该发挥引领社会的作用，在此背景下，教师该如何转换思维模式、提升未来素养显得尤为重要。

30年前，全球顶尖创新思维训练法的开创者——爱德华·德博诺提出"六顶思考帽"思维方法，用六顶不同颜色的帽子，代表六种创新思维方式：蓝色，象征着思维中的控制与组织；白色，客观全面收集信息；红色，从感情、直觉感性地看问题；黄色，寻找事物的优点及光明面；黑色，从事物的缺点、隐患看待问题；绿色，用创新思维考虑问题。

"六顶思考帽"强调的是一个非常简单的概念，它只允许思考者在同一时间做一件事情。思考者要将逻辑与情感、创造与信息等区分开来。这一概念便是"六顶思考帽"的方法，任意一顶思考帽都代表着一种特定思维的方式。

优秀团队和普通团队在集体智慧方面差异并不大，但在如何引导和激发集体智慧方面却是天差地别。教育理论来源于教育实践，教育实践依赖教育理论。

3年前，重庆市信息技术教育罗化瑜名师工作室、罗化瑜劳模创新工作室及高中课程创新基地团队通过不断地阅读与思考，渐渐地对"六项思考帽"形成了独到见解，同时秉承"纸上得来终觉浅，绝知此事要躬行"的原则，将理论与实践融为一体，进行了大胆的实践探索。以工作室开展的六项研究课题为基础，结合重庆市高中课程创新基地建设目标，各研究项目分别衔接"六项思考帽"所表达的主题，进行技术与课程融合及未来教育创新实践和再思考。

本书分为六章。

第一章　蓝色思考帽：学习与资源

戴上蓝色思考帽，人们负责整理思考本身，确定焦点，根据主题规划和管理整个思考过程，并做出结论。

本章梳理了泛在学习与资源的关系，并以巴蜀小学优卡学堂为代表的泛在课堂应用为焦点，就开发泛在学习资源进行了系统研究，并取得了创新成果。

第二章　白色思考帽：管理与策略

戴上白色思考帽，人们思考的是客观事实和数据，设定"框架"来更加中立客观地呈现信息。

本章厘清了在网络环境下开展教师培训的管理方略，云阳县教师培训团队以重庆市教师培训为依据，从项目管理、过程管理、课程资源管理、人力资源管理等几个维度初步探索出基于网络环境下的教师培训管理新模式。

第三章　红色思考帽：社团与活动

戴上红色思考帽，人们可以表现自己的情绪，还可以表达直觉、感受、预感等方面的看法。

本章以"互联网＋"环境为依托，以重庆巴蜀中学学生科技社团活动为载体，以促学生自主学习、探究学习为核心，以培养学生创新能力为目的探索出新课程改革中促进学生个性化、全面化发展的新方法。

第四章　黄色思考帽：微课与评价

戴上黄色思考帽，人们从正面考虑问题，表达乐观的、满怀希望的、建设性的观点。

本章构建了微课资源评价、微课传播评价、微课应用评价三维评价体系。该微课三维评价是在重庆两江新辰中学开展的大量实证研究中总结出来的，促进"教与学"效果明显。

第五章　黑色思考帽：制造与创造

戴上黑色思考帽，人们可以运用批判性思维、创造性实践和头脑风暴来反思过去、迎接未来。

本章借力学校特色建设，以重庆二十九中高中课程创新基地——蚂蚁梦工场为试验场，秉持跨学科融合的理念开发了中学创客教育校本教材，同时对基于 STEAM 和"做中学"的学生创新能力培养进行了深入研究。

第六章　绿色思考帽：课程与教学

戴上绿色思考帽，人们可以超越已知、浅显、满足，提出新的创意，列出不同的选择和路线。

本章独辟"课程选修"蹊径，以重庆一中对学校选修课程资源建设现状调查分析为基础，从学科视角、社会视角、学生视角、教师视角和学校视角出发，探索了课程资源建设途径。

如果说，若干年前，现代教育技术好像是一个不速之客闯入了学校，那么十年来，它早已转变角色，已经成为学校的主人深度融入学校各方面工作，它已经广泛而有深度地植根于学校管理、课堂教学、学生学习、教研科研、教师进修、德育和课外活动之中。今天，基于"六项思考帽"的六项研究思考，也具有较强的现实意义和推广价值。

人的发展要"文明其精神，野蛮其体魄"，讲究内外兼修；教师发展同样需要学校文化精神的增强和教育能力的提升。二者结合，形成教师专业成长之路。

本书既可为基础教育工作者开展科研工作提供实践参考，亦可为名师工作室建设、信息技术课程开发以及学科教师专业化发展提供宝贵经验。

罗化瑜

2018 年 10 月 18 日于重庆

目 录
CONTENTS

01

第一章

蓝色思考帽：学习与资源

天空是蓝色的，大海也是蓝色的，
蓝色是宽广，是无边无际，是永恒。
蓝色代表着普通的劳动者，也象征着高科技，
蓝色是我们走进物联网的窗户。
蓝色是理性的思考，也是国际间的互动。

我们在蓝天下生长，在知识的大海里遨游，
我们在普适计算的环境里交互。
这个蓝色的世界，她能感受我的心跳，
我想学什么，她就给我推送什么，
这就是泛在学习，
这就是资源建设。

我们在一起，
就是最好的学习。
让我们一起，
走进蓝色的泛在学习世界。

在当前"互联网＋"与大数据时代背景下，信息技术对教育产生了极大影响，学习方式从数字化学习过渡到移动学习再到泛在学习，其间发生了重大的变革。学习变得无处不在。学习已不仅局限在学校教育，而成了随时随地的事情。当前，很多学校都在建设智慧校园，探索智慧教育，在我们看来，智慧校园的核心就是要实现学生在校园内外随时随地、无处不在的泛在学习。泛在学习就是智慧教育的高级形态，泛在学习是真正满足学生个性成长的理想学习方式。

教育部印发的《教育信息化"十三五"规划》中指出：到 2020 年，基本建成"人人皆学、处处能学、时时可学"、与国家教育现代化发展目标相适应的教育信息化体系。创新"网络学习空间人人通"建设与应用模式，从服务课堂学习拓展为支撑网络化的泛在学习。鼓励企业积极提供云端支持、动态更新的适应混合学习、泛在学习等学习方式的新型数字教育资源及服务。因此，很多学校开始关注泛在学习。结合重庆市教育科学规划办重点课题"基于'互联网＋'的泛在学习资源建设策略研究"，我们对泛在学习有了更深入的理解和认识。泛在学习这种理想的智慧学习方式，正在走入我们的学习和生活。

第一节　什么是泛在学习

要理解什么是"泛在学习"，首先要明确两个概念。在信息技术发展中，有两种计算技术，虚拟计算和普适计算。虚拟计算，是一种以虚拟化、网络、云技术等技术的融合为核心的计算技术，致力于把人置于计算机所创造的虚拟世界里。普适计算，是信息空间和物理空间的融合，强调和环境融为一体的计算技术，它使计算机融入人的生活空间，形成一个"无时不在、无处不在而又不可见"的计算环境，在这个融合的空间里，人可以随时随地、透明地获得数字化服务。所以，建立在虚拟计算技术上的是数字化学习方式，建立在普适计算技术基础上的才是泛在化学习方式。

历史上对泛在学习的最早描述可追溯到南宋时期。著名理学家朱熹曾经说过："无一事而不学，无一时而不学，无一处而不学，成功之路也。"他在这里指出了以任何方式，在任何时间、任何地点进行的学习，正是泛在学习的雏形。

泛在学习是指任何人在任何时间、任何地点，基于任何计算设备获取任何所需学习资源，享受无处不在的学习服务的学习方式。泛在学习是在基于数字化学习和移动学习的基础上发展起来的，是现有数字化学习的升级版本，是基于普适计算技术，在无线网络环境和物联网支持下的一种智慧化学习方式，是智慧教育的高级形态。可以说，泛在学习的出现，不是偶然的，而是技术发展必然的选择。

泛在学习的存在需要一定的理论基础。

1. 建构主义学习理论

建构主义理论认为知识不是通过教师传授得到的，而是学习者通过已有的认知结构，主动加工建构形成的。泛在设备的计算与信息管理功能，可以作为学习者的建构工具来支持、指引和扩充学习者认知结构或思维模式，促进知识建构与问题解决。因此，泛在学习是建构主义学习理论应用的最佳场所，能够很好地满足"以学生自我导向"的学习环境的建构，对泛在学习及资源建设有着重要的指导意义。

2. 后现代主义学习理论

后现代主义学习理论的观点是：达到目标不是寻求单一的方式，而是寻求不同的方式以达到不同的目标。这种观点更具有开放性和包容性，植根于各种文化背景，使不同文化背景下的每一个学习者能以不同方式、最大限度地享受教育。后现代主义学习理论关于世界、技术、知识等思想对泛在学习资源建设起到一种潜移默化的影响。后现代主义学习理论是泛在学习发展的认识论与方法论的基础，后现代主义学习理论的知识观、技术观、教育观等通过泛在学习能达到恰如其分的实现。

3. 情境认知学习理论

情境认知学习理论认为，学习的本质是个体与环境互动产生认知结构改变的过程，知识和概念都只有通过社会化的运用才能得到充分的理解，个体参与实践活动，与环境相互作用是学习得以发生的根本机制。学习不能脱离情境，不同情境，感受也不同。因此，情境认知学习理论是泛在学习及资源建设的理论基础。

人们经常会把移动学习和泛在学习混在一起，误把移动学习当成泛在学习。其实，移动学习只是泛在学习的浅层次应用。移动学习强调的是移动性，通过移动网络和移动终端设备，可以方便快捷地开展学习，可以随时去查找、搜索学习者需要的知识；而泛在学习强调的是情境性，通过物联网及传感技术，泛在学习可以定位学习者的学习位置，感受其物理环境的变化，感知其心情；根据学习进度和学习偏好，通过大数据分析，主动推送学习者需要的学习资源。泛在学习是真正的智慧学习、无缝学习和个性化学习，真正的泛在学习比移动学习要复杂和先进得多。移动学习还是基于虚拟计算技术的学习方式，只不过是数字化学习内容的移动便捷化学习；而真正的泛在学习是基于普适计算技术的学习，是一种更主动的学习，因为泛在学习环境系统是主动的，系统会在适当的时间、地点，以适当的方式给学习者提供最想要的学习知识。因此，是否具有情境感知特性，是泛在学习和移动学习的本质区别。

泛在学习是真正通过技术手段，实现了传统学习方式的极大改进和升级，提供了无处不在的学习资源、无处不在的学习服务、无处不在的学习伙伴，可以说是重建了教育生态，构建了一个可以"人人教、人人学"新型学习样态。

要实现泛在学习，需要解决好硬件技术和软件技术两方面的问题。硬件技术包括：泛在学习环境（学校内即是智慧校园环境）、学习终端、情境感知设备；软件技术包括：学习资源和学习服务平台。当前，学生要享受泛在学习，资源建设是关键。只有成体系的大量优质学习资源，包括课件、微课、习题等图文，以及音频、视频、计算机学习软件等资源，通过泛在学习环境的支撑，学习者才能通过移动智能设备能时时可学、处处能学。

第二节　国内外开展的泛在学习

国外对泛在学习的研究无疑已经走在了前面，他们经过对泛在学习理论层面的探讨，进入了对泛在学习在实际中应用的研究，并且已经建立了相关项目，投入了实际使用。已投入实际应用的项目包括如下：

（1）日本政府制定了目标为"利用 ICT 建设随时随地、任何物体、任何人均可链接的泛在网络社会"的 U-Japan；

（2）南非 Virginia Tech 的觉醒型 Ubiquitous 学习校园项目以"校园空间的 24 小时学习博物馆化"作为宗旨，以全体学生为对象设计了未来型（Ubiquitous）校园；

（3）美国哈佛大学开展了"促进泛在学习的无线手持设备"项目；

（4）欧洲的 Mobile ELDIT 项目旨在开发一个在线语言学习系统的移动版本，从而使数字化学习平台上的内容能够以一种泛在的方式提供给移动用户；等等。

国内关于泛在学习的研究主要集中在对泛在学习理论、定义、模式等方面进行探讨。近年来，随着对泛在学习理论层面的研究相对成熟和完善，越来越多的研究把目光聚焦到了泛在学习的实际应用、泛在学习资源的特点和建设等方面。其中又以对泛在学习资源的研究为多数。然而，从前阶段的研究可以看出，目前我国泛在学习资源的建设还处在起步阶段，研究的重点集中在泛在学习资源的特点、对泛在学习资源的思考或者对泛在学习某一种特点进行挖掘等方面的研究内容。

国内关于泛在学习的研究近两年来主要集中在探讨泛在学习资源的特

点，而少有结合实际应用研究泛在学习资源建设的策略。通过大量阅读相关文献，可以总结出泛在学习资源的特点和发展趋势。

首先，未来的泛在学习资源将具有生成性、进化性的特点，采用面向学习过程的设计和支持情境认识的聚合模型，附加社会认知网络属性，利用动态语义标记进行资源描述，使学习资源从传统封闭资源库形态向以资源为中心的协同知识建构学习共同体形态转变。

其次，一个良好的支持泛在学习的环境，必须是按需即时并且适量的。一方面，呈现的学习内容必须是学习者所需要的，适合当时的学习情景和体现学习的个性化；另一方面，必须从每个角度搜集学习信息，使它们以各种形式表达同一知识。

在我国，近些年来，很多专家都已经开始研究泛在学习，国家也非常重视泛在学习的研究和应用。泛在学习对中国教育的意义在于：第一，研究和实践泛在学习可以深度推进教育的综合改革，用技术手段促进教师教学和学生学习方式的有效转变，真正建立起以学生为中心的泛在课堂，在全面发展的基础上促进学生的个性化成长；第二，探索泛在学习可以很好地响应政府的"互联网＋"战略，让"互联网＋"在教育领域实现有效应用，让智慧教育真正走进校园、走进课堂、走进学生的学习生活中；第三，泛在学习是实现人终生教育、终生学习的有效方式，研究和推广泛在学习，可以有效地建立起一个学习型社会。

第三节　泛在学习资源建设

泛在学习是一种新型的 5A（Anytime、Anywhere、Anyone、Any device、Anything）学习模式，泛在学习环境是一个共建、共生的教育生态系统。泛在学习最突出的特点就是其可以无处不在、无时无刻地进行学习。而泛在学习资源正是实现这种"无处不在"的学习的前提保障，是构建泛在学习无缝学习空间的基础性组成部分。泛在学习资源应该具有六个特征。

（1）永久性。学习资源创建后，在不特意删除的情况下，就会永久存在。

（2）便捷性。学习者在任何地方、任何地点都可以便捷地获得所需的学习资源。

（3）及时性。通过无线宽带网络，学习者可以及时查阅或下载学习资源。

（4）交互性。学习者可以和学习资源进行互动交互，增强学习成效。

（5）适应性。学习资源可以自适应各种学习终端设备，以最佳的显示效果呈现。

（6）进化性。学习资源的创建者和不同的学习者都可以对资源进行编辑修改，让学习资源不断地更新进化。

这些年来，国家高度重视信息化建设与应用，信息化学习资源建设也得到了前所未有的重视。但是，如果要从满足基于"互联网＋"环境下学生泛在学习的角度来说，泛在学习资源建设还存在一些问题。

（1）资源建设总量很大，但学生感兴趣、喜欢的优质资源不多。

（2）供教师传统课堂上"教"的资源很多，满足孩子泛在"学"的资源不多。

（3）资源建设标准不统一，共享机制缺乏，信息孤岛严重。

（4）资源由专家教师建设，学习者不能有效参与，资源修改更新慢。

（5）资源是静态的，结构是封闭的，不能很好适应个性化学习。

（6）学习资源以集中式存储为主，资源访问速度慢，获取便捷性不够。

（7）学生学习数据难以统计，不能有效进行学习分析。

通过研究分析，我们认为基础教育阶段学生泛在学习资源建设要遵循几个原则。

（1）趣味性。为了保证中小学生能够自主、自愿地进行泛在学习，那么建设泛在学习资源时，就要充分考虑资源的趣味性和生动性，资源的组织形式和内容要能够充分吸引学生的兴趣，主要应该是动画、视频、图片为主，减少纯文字资源所占的比例，同时在组织形式上以游戏闯关为主。

（2）科学性。在针对中小学的泛在资源建设中，科学性体现在两个方面，其一是要考虑资源的学科科学性；其二是要满足中小学学生成长、个性、认识特点的科学性。前一条要求泛在学习的资源要满足各学科的知识特点，学习资源的内容要与小学、中学阶段各学科的教材和课程标准相符合；而后一条，考虑到中小学生活泼好动、注意力较难长时间集中、喜欢新鲜事物等成长认知特点，要求泛在学习资源建设过程中，要尽量缩短每一个学习环节的时间，学习资源以学习元的模型进行组织与建设。

（3）针对性。中小学生的泛在学习资源要有针对性，一方面体现在要建设为正式的课堂学习提供配套的、系统的，支持教师"教"和帮助学生"学"的资源；另一方面，还体现在要建设满足学生非正式课外学习的、个性化学习的专题或项目学习资源。

（4）系统性。泛在学习资源虽然是要满足学生碎片化、个性化的学习资源需求，但学习资源建设还应该要继承常规数字化资源平台的优点，系统化地建设资源。从小学到中学，各个学科、各个知识点的学习资源都应该系统性地建设齐全。每一个学习资源建设时，都应该对应知识树上的一个知识点进行生长。只有系统性地建设学习资源才能真正满足学生随时随地的个性化学习需求。

（5）开放性。泛在学习的资源要求采用开放型聚合模型，要求学习资源处于开放共享的状态，学习资源将有别于传统资源平台只能由"专家"进行编辑与修改，学习者与组织者都拥有修改学习资源、完善改进学习资源的权利。在中小学泛在学习资源的建设中，学习资源的开放性主要将提供给教师和家长。教师将不仅仅限于本学科、本班级、本学校的老师，多个学科的老师可以对学习资源进行协同编辑，从而体现跨学科学习的特点，并且在这个过程中，家长也能加入进来，时刻关注自己孩子学习的内容。

（6）智能性。中小学泛在学习资源的智能性，即包括学习资源的智能推送和持续进化性。通过判断不同学习者的水平和学习进度，动态生成学习内容，为不同的学习者智能推送个性化的学习内容和学习安排，实现学习资源与学习者的共同进步，满足学习者不断变化的学习需求。

当前，中小学生在泛在学习中普遍面临着多方面问题，包括没有移动学习设备、学校网络环境不支持、家长不允许、学习自控能力较差不能坚持学习、信息技术操作不熟悉、找不到和课堂教学配套的学习资源、对网上的学习资源不感兴趣等，其中泛在学习资源的匮乏、无配套体系、质量欠佳等原因直接导致了学生学习兴趣降低、教师指导困扰、学校不愿推广、家长不够支持的现状。此外，诸多教师认为，如果要进行泛在学习，目前遇到的最大困难是与课堂配套的教学资源很缺乏，老师们非常支持和希望建设师生共建共享的泛在学习资源平台。因此，建好平台，建好资源，对于开展好泛在学习来说，意义重大。

第四节　泛在学习资源的建设策略

通过研究，我们总结出了基于"互联网＋"环境下，基础教育阶段学生泛在学习资源建设的策略，具体分析了泛在学习资源由谁建（建设主体）、建什么（建设内容）、怎么建（建设方法）、怎么用（应用策略）四个方面的具体策略。

一、泛在学习资源的建设主体

传统的数字化学习资源建设，往往是单向地由各公司牵头，组织专家、名师设计建设的。"互联网＋"时代的到来，让信息的产生和传递方式发生了质的改变，即从单向信息来源的传递模式向多源头信息产生的模式转变。这种开放式的信息生产方式充分尊重和挖掘创建者和使用者的群体智慧，依靠群体共同生产和更新信息，利用群体的智慧使资源得到持续性的更新和发展。因此，对于泛在学习时代的资源建设，对资源建设主体有了更高的要求。

1. 中小学生的泛在学习资源主要应由各教材出版社来组织建设

基础教育阶段，学生教材版本较多，同时教材更新也比较快，要满足学生的泛在学习需求，比较理想的方式是各教材出版社在编辑出版教材的同时，组织教材编写者对配套的泛在学习资源进行设计，并委托软件开发公司进行开发，实现泛在学习资源和纸质教材同步推出。

2. 资源平台公司应成为泛在学习资源建设的主力军

当前，许多大公司都在投资在线教育，也有不少公司在进行泛在学习平台建设，但各公司往往只重视平台建设，对于学习资源建设投入却很少。要改变这种现状，需用各级政府部门更多地立项泛在学习资源建设项目，引导各资源平台公司由注重平台建设变为更注重资源建设，成为泛在学习资源建设的主力军。

3. 教学专家、名师、教育工作者、热心教育的家长是海量泛在学习资源建设的重要力量

基础教育阶段学生的泛在学习资源，还是应倡导由教育教学专家、名师牵头进行系统设计，才能确保学习资源的科学性和权威性。同时，广大的教师群体、教育工作者、热心教育的家长都应成为泛在学习资源建设的重要力量。要实现教师群体对泛在学习资源的协同建设和编辑修改，才能保证学习资源得到有序进化和及时更新，从而更好地满足学生的学习需求。

4. 学生是泛在学习资源建设的重要参与者

"互联网＋"时代，泛在学习资源建设要实现专家、教师、学生共建、共享学习资源，才是资源建设的最佳途径。对于小学生而言，应要让学生

方便地将自己设计的作品、课件等资源能上传，供其他学生参考；对于中学生而言，还可适当开放学生对资源的编辑修改权限，方便他们对资源进行更新。只有让学生也成为泛在学习资源建设的重要参与者，才能让学习资源从学生中来，为学生个性化学习服务。

二、泛在学习资源的建设内容

要满足中小学生的个性化学习需求，泛在学习资源建设的内容不仅应包括国家课程的配套学习资源，还应该包括学校及教师的特色课程资源，以及各种专题课程资源和实现课程综合化学习的项目式学习资源。泛在学习资源不仅要有优化教师"教"的教学资源，更应建设适应学生"学"的学习资源。

1. 系统建设和国家课程配套的以知识点为单位的学习素材、练习素材和测试素材

和传统的数字化资源库相比，泛在学习资源不能再以"课"为单位，要以每个年级、每个学科的知识点为基本建设单位，并针对每个知识点分别建设相应的学习素材、练习素材和测试素材。学习素材是让学生对知识点进行学习的微视频、图片、音频、文本、交互式课件等学习资源；练习素材是对知识点进行巩固强化的练习题库、练习软件等素材资源；测试素材是指对知识点掌握与否进行检测的测试题和题库，并分为前测和后测题目。有了这样的资源设计，才能给每个学生生成不同的配套资源体系链，通过知识掌握前测、后测和练习，达到减少学生对已经掌握知识的重复学习、对掌握得不好的知识点进行重点学习的效果，从而让学习变得更加高效。

2. 强化校本、教师特色课程学习资源的建设

要满足不同地区、不同学生的学习需求，要倡导各个学校大量建设学校的特色课程和教师的特色课程资源，并实现各个学校、教师建设的特色课程资源在泛在学习平台上有效共享。校本、教师特色课程学习资源是实

现中小学生个性化发展的重要资源。

3. 重点推进项目式课程、专题课程学习资源建设

当前的各个网络学习平台中，和教材配套的教学资源已经比较丰富了，但满足学生综合化学习需求和能力提升的项目式课程、专题课程学习资源还比较少。因此，急需鼓励广大教育工作者在泛在学习平台中去共建、共享项目式课程和专题课程学习资源，这样，才能让课程综合化在更多的学校落地，促进更多孩子的学习和能力提升。

三、泛在学习资源的建设方法

不同于传统的数字化资源库建设，基于"互联网＋"环境下的泛在学习资源，关键是要方便检索，要通过情境感知设备和学习分析技术，实现学习资源的个性化智能推荐。基础教育阶段学生泛在学习资源建设应有策略。

1. 尊重儿童身心发展规律，增强学习资源的趣味性，充分调动不同年龄阶段学生的学习兴趣

兴趣是最好的老师，只有学生感兴趣的资源，学生才愿意自觉地去学习，学生的学习才会收到实效。相对而言，小学生特别是低学段的学生对动漫、卡通式的微视频学习资源更感兴趣，中学生的学习资源对知识的科学性和深度则更加关注。因此，泛在学习资源建设要尊重儿童身心发展规律，要增强学习资源的趣味性，吸引不同年龄阶段的学生都愿意学，主动地学习。

2. 减小资源的粒度，以学习元知识点为单位，为每一个学习资源张贴标签，系统性地建设泛在学习资源

泛在学习资源建设，需要给学习资源尤其是图片、动画、视频等多媒体资源标注标签，附加语义信息，才能方便检索。为了能够更好地为资源附加语义信息，学习资源的构建就不能同传统资源构建一样以知识章节为结点，必须以每一个学习元知识点为结点，换句话说我们要减小学习资源的粒度，增强对资源的元数据描述。同时，要通过学习资源聚合的技术，系统性地建设优质的泛在学习资源。

表1-1　泛在学习资源标签表

标签内容	示例	描述
资源 ID 编号	105678	资源在库中的唯一编号
资源名称	趣味七巧板	学习资源的名称
学科	数学	学习资源应用的学科
年段	小学	学习资源对应的年段，分小学、初中两类
年级	小学三年级	学习资源适用的年级
知识点	认识图形	学习资源对应的知识点描述
关键字	七巧板	学习资源检索的关键字
资源简介	七巧板的拼图方式介绍	学习资源的具体内容介绍，方便对资源的精确检索
难易程度	中	学习资源的学习或练习困难度，分难、中、易三个层次，方便为不同学习水平的学生推送更适合的学习资源
资源服务对象	学生	学习资源的适用人群，分学生、教师、家长三类人群
资源类型	学习内容	学习资源的类型，分学习内容、练习内容、检测内容三种类型
文件名	neves. mp4	学习资源在库中的文件名
文件位置	oss/2/2	学习资源的存储路径
文件来源	原创	学习资源的来源，分原创、转载两种类型
文件类型	视频	学习资源的文件类型，分文本、图片、图像、动画、视频、音频、课件、其他八类
文件大小	26. 2MB	学习资源的文件大小
清晰度	标清	学习资源的清晰度，分流畅、标清、高清、超清四种
版权人	江莉	学习资源的版权人

续表

标签内容	示例	描述
提交人	王勇	学习资源的上传者
资源点击次数	1200	学习资源被浏览的次数
资源评价次数	25	学习资源被使用者评价的次数
资源下载次数	320	学习资源被下载的次数
提交时间	2016.12	学习资源上传的时间
修改记录	2017.8，陈冬冬进行了修改	学习资源上传后的修改记录
版本历史	1.0	学习资源的版本信息

3. 资源格式多样化，实现资源跨平台、跨设备使用

泛在学习资源，不仅要满足在线学习的需求，还要满足移动学习的需求；不仅要满足台式计算机上的学习需求，还要满足平板电脑、手机等移动学习终端的学习需求；不仅要满足 Windows 系统的使用需求，还要满足苹果、安卓等系统的使用需求；不仅要满足宽带、4G 网络下的学习需求，还要适应网速不太好情况下的使用需求。因此，资源建设时，格式应该多样化，要考虑多种学习载体的需要，要考虑传输带宽、屏幕长宽比、声音质量等因素，以实现资源跨平台、跨设备使用，让不同的学生在任何地方、使用任何设备都可实现泛在学习。

4. 改变资源存储方式，让学生更方便快捷地获取学习资源

泛在学习需要学生将精力集中于学习之中，无需关注资源来自哪个存储设备。传统的集中式资源存储无论是从量上还是从存取的快捷性上都无法满足泛在学习的要求，这就要求将集中式存储变为分布式网络存储。在分布式网络存储中，物理空间中存在着无数的资源存储结点，这些结点通过泛在通信网络建立链接，可以形成一个无限的资源智能网络空间。从而可以保证不管学生用任何学习设备，在任何地方，都可以方便快捷地获取

学习资源。

5. 创建支持建设和搜索海量学习资源的学习平台，实现学生个性化学习

泛在学习需要一个类似"维基百科"式的便于修改更新且具有搜索功能的学习资源平台。专家、教师或学生每个人都可以在平台上开设课程或专题，任何人都可以来丰富、完善和修改这个课程的学习资源。这些学习资源可以方便地被检索到，这些学习资源也可以自由地组合成新的学习专题。学生在这个平台上学习，可以方便地找到他需要的一系列学习资源，以实现个性化学习成长。

6. 支持情境感知设备应用，通过学习分析技术，实现学生学习资源的智能推送

学生的泛在学习，需要学习平台及资源支持情境感知设备应用，需要学习平台和相应的应用程序具有学习记录和分析功能。要记录学生的学习内容、练习和作业的历史数据，包括学习知识检测答题的对错、学习时间等各种学习数据，都要记录；要能定位学生的学习位置及变化，要能感知学习环境和学生学习情绪的变化，并进行基于大数据的学习统计分析。通过分析学生的学习情况、知识掌握情况、个性化学习兴趣取向等，根据学生的年龄段、课程标准，实现学生学习资源的智能化个性推送，以帮助学生更平衡和全面地掌握学习知识，促进学生个性发展。学习资源的智能推送，包括基于情境感知及判断学习内容掌握情况后的自动推送、基于学习兴趣及学习进度的自动推送和教师对学生的个性化推送三种推送方式，通过关联规则、学习数据分析，实现泛在学习资源智能推送，并辅以教师人工推荐，从而全面优化学生学习，促进学生在全面发展的基础上实现个性化成长。

四、泛在学习资源的应用策略

和传统的数学化学习资源相比较，基于"互联网＋"环境下的泛在学

习资源，由于移动互联网及物联网的快速发展和应用，泛在学习资源应用变得更加便捷高效，使课堂突破了教室和学校的束缚。泛在学习资源的应用，实现了课内、课外，课前、课中、课后的一体化学习。

1. 用二维码的方式，教师给学生推荐精选的泛在学习资源，优化学生的学习

将泛在学习平台中的学习资源，生成一个二维码地址，或者用草料二维码等工具，向网络平台上传学习资源，并生成一个二维码地址，让学生在课堂中，扫描教师准备的二维码，对教师推荐的学习资源进行选择性的学习，是泛在学习资源在日常课堂教学中应用最常用的方式。

2. 通过泛在学习平台，学生用移动学习终端，选择教师安排和推荐的学习课程，进行自主学习

要实现常态化的泛在学习资源应用和学习，建议各个学校要给学生推荐一个泛在学习平台，让每个学生创建一个自己的学习帐号，运用自己的平板电脑等移动学习终端进行学习。这样，学生不管是在学校、在家里，还是在旅行中，都可以方便地进行系统化的课程学习，及时完成教师安排和推荐的学习任务。

3. 通过学生位置等情境感知，通过学习偏好等数据分析，智能化地给学生推荐学习资源，让学生进行个性化学习

有条件的地方和学校，可以建立起基于物联网的泛在学习智慧环境，通过情境感知设备，让学生走到不同的地方，就可以智能化地给学生推荐适合不同学科的学习内容。这样的泛在学习资源应用，就是高层次的智慧化学习，能真正满足学生的个性化学习需要。

第五节 泛在学习的应用案例

令人欣喜的是，我国有不少学校已经开始探索泛在学习的实践应用。

例如，深圳市南山区就有创建泛在学习示范校。深圳市南山区后海小学就积极探索"泛在学习"，让孩子们在"玩"中学习安全知识。只要在校园中扫一扫随处可见的二维码，就可以在手机或平板电脑上观看生动有趣的卡通教育短片，学习安全相关知识、百科知识等课程。学校还打造了"泛习网"，方便教师上传泛在学习资源和课程。再如，重庆市两江新区星辰中学，也在全力打造一个泛在学习的"二维码智慧校园"，学校的各种课程不仅让学生在校园内外扫二维码进行学习，还让学生自己学会制作和发布二维码课程，让同学之间相互学习。另外，重庆的树人景瑞小学等学校，也在探索应用智能手环等设备，通过感知学生的身体变化，向学生推出更适合的学习课程。这些都标志着泛在学习已经开始走向深入应用。

在重庆市巴蜀小学，近几年来，学校全力打造"律动巴蜀""泛在课堂"，研发了小学一至六年级各学科数字化课程 3000 多节和超过 10 万道的学习题库，通过二维码课程的形式实现了泛在化学习。针对小学生的特点，学校专门研发了泛在学习产品优卡学堂（www.51youka.com）。2015年，以巴蜀小学优卡学堂为代表的泛在课堂应用代表重庆市参加在青岛举行的全国教育信息化应用展览，受到教育部领导和各国嘉宾的高度肯定。2018年，巴蜀小学的智慧教育泛在课堂应用入选首届中国智能产业博览会展出。

律动教育　泛在课堂
——重庆市巴蜀小学校智慧教育应用案例

"创造一个新的学校环境，实验一些新的小学教育。"

这是 1932 年《巴蜀建校宣言》中的一句话。这是先辈赋予巴蜀，同样也是赋予教育人的使命和责任。这使得巴蜀小学从建校之日起，就牢牢打下了与时俱进、不断创新的烙印。

　　未来的教育，要求我们要用未来的方式去教育未来的人。未来，不是"教育＋互联网"，而是"互联网＋教育"，学习应更加开放、综合和个性化。

一、解决的问题

　　为实现"人人皆学、处处能学、时时可学"的愿景，解决小学生更有效地利用碎片时间进行学习，更好地完成课外作业问题，为了进一步推进巴蜀小学的律动教育课程改革，有效转变教师的教学方式和学生的学习方式，促进学生的个性化学习，针对当前移动互联技术的发展，特别是智能手机和平板电脑的应用，重庆市巴蜀小学校研发了优卡学堂，进行泛在课堂应用实践，实现了学生随时随地、无处不在的学习、分享和创造。

二、什么是泛在课堂

　　泛在课堂是基于移动互联及资源智能推送技术，让学生突破传统课堂时空，随时随地进行泛在学习的一种课堂形态。泛在课堂技术环境由网络学习平台、移动 App 和移动智能终端组成。其中，网络学习平台提供在线课程、在线测评、学习资源、活动设计及学习交流；移动智能终端包括笔记本电脑、平板电脑及智能手机。

三、什么是优卡学堂

　　为了探索基于泛在学习环境的泛在课堂应用，我们选择了开发小学生移动学习软件"优卡学堂"，根据平板电脑的优势和小学生的学习规律，希望能系统地研发专门针对中国小学生的学习资源，以此来探索实现学生个性化学习的一些有效方式，提升孩子的学习质量。

　　优卡学堂是为中国少年儿童量身打造的泛在学堂，是优卡乐园的移动端学习程序，为孩子提供小学一年级至六年级语文、数学等课程同步学习、重点知识练习，是孩子进行课外拓展学习、满足孩子个性化学习的理想学习工具。优卡学堂实现了由在线学习拓展为泛在学习，学生可以用手机或平板电脑实现随时随地、无处不在的学习、分享和创造。优卡学堂还实现了学生移动学习数据、学习记录和在线学习电脑网络数据的同步和共享。

四、优卡学堂是如何设计的

（一）优卡学堂的功能设计

优卡学堂主要分为学习系统、作业系统、历史系统，这三个系统共同组成优卡学堂应用软件。软件的主要功能模块有：用户注册、课程选择及付费、用户登录、学习系统、作业系统、历史系统。

1. 学习系统

学习系统是优卡学堂最主要的功能模块，是学生进行知识学习和练习的平台，主要为学生提供所有相关学习类的内容，一般是学生选择自己的课程之后，选择相应的学期和知识点，进入对应的学习内容或题库进行练习。学生在完成一个学习内容之后，由系统自动进行评价。学习系统分为两个板块，一个是观看学习内容，主要是播放 SWF 动画文件，用于学习新知识；另一个是练习内容，主要是调用练习用的 SWF 动画文件，用于学生巩固练习。学生在进行练习时，根据选择的内容，加载不同的题板进行呈现；如果学生当前练习题目做错了，立即调用答案题板，学生可查询正确答案，找到错误原因；学生练习结束后，根据练习的时间和正确率进行量化评价。

2. 作业系统

作业系统是学生在优卡学堂里完成家庭作业的平台，教师可以运用这个平台给学生布置家庭作业。教师可以通过在题库选题或自己出题的方式布置作业，作业可以分为客观题或主观题两种方式，可以限定或不限定学生完成作业的时间。学生完成作业后，系统自动进行评价和统计分析，并且可向老师发送统计报表，以方便教师科学客观地了解学生的作业练习情况。

3. 历史系统

历史系统是记录学生学习、练习和作业的历史数据，包括错题本和各种学习数据记录，用于大数据的统计分析和再次呈现学生学习、练习和作业的情况。学习数据记录分为各学科的学习历史记录和作业历史记录，方便学生、教师和家长查阅学生学习的不足之处，以及查看错题的正确答案，帮助学生全面提高学习质量。历史系统的所有学习数据记录要实现和计算机网络中的数据同步更新和共享，以实现学生在不同的平台上进行学习和学习情况分析统计。

（二）优卡学堂的课程设计

为了充分发挥平板电脑学习的优势，实现学生的个性化学习，优卡学堂目前已经研发出神算手、拼音识字训练营、好词佳句天天见、思维训练、英语三级跳等课程，下一步将逐步地推出更多的专题综合课程。

（1）神算手课程。专门针对提升小学生数学速算能力而设计的一套训练课程，通过精选练习题目，每天训练孩子30道口算题目，定期开展神算手比赛，通过对孩子训练过程进行监控和平衡训练，有效提升孩子的计算能力。

（2）拼音识字训练营课程。一套寓教于乐的学拼音识汉字的训练课程，通过"优优学堂"动画学习、"卡卡上路"的基础练习和"一试高低"栏目的拓展训练，让孩子轻轻松松掌握汉语拼音，扎扎实实打好识字基础。

（3）好词佳句天天见课程。一套有趣的学生语言文字表达能力提升训练课程，通过速记训练和相关应用练习，每天学习5~8分钟，帮助孩子积累，会运用好词佳名，出口成章，能说会写。

（4）思维训练课程。为了培养小学生的数理逻辑思维，从小发展学生的思维特长而开设的课堂。针对小学生特点，用动画游戏式的学习形式，在一系列的专题训练课程中，通过听老师讲思维训练例题，自己在平板电脑上做思维训练习题，系统培养学生思维能力。

（5）英语三级跳课程。根据中国儿童学习英语的特点和实际情况，进行有针对性的情景英语训练，以提高孩子英语听说读写能力、发展小学生英语特长而精心设计的课程。课程以动漫卡通的形式学习，通过交互式课件进行练习，非常适合小学生使用。

五、优卡学堂的应用场景

基于泛在课堂应用的优卡学堂是满足孩子个性化学习的理想学习工具。优卡学堂可应用于学生课堂上和课外学习。课堂上，学科教学中通过优卡学堂进行专项学习，如速算练习、拼音识字训练、好词佳句积累、专题学习等，学生每次学习只需要几分钟时间，便可完成相应知识点的学习或练习。课外，教师可以给学生推送家庭作业和课外学习内容，学生也根据自己的需要、自己的学习进度自主安排学习内容，进行个性化学习，如离线作业、在线测试、拓展阅读等，随时随地进行数字化学习。

六、评价创新，基于大数据的学习分析

学生在优卡学堂的学习、练习和作业的历史数据，包括错题本、学习时间等各种学习数据，优卡学堂都将记录，并进行基于大数据的统计分析和再次呈现学生学习、练习和作业的情况。优卡学堂创新设计的成长足迹图、评价知识树等直观评价方式，时刻激励着孩子的点滴进步。

（1）成长足迹图。记录孩子的每一次学习成果，让孩子的学习一步一个脚印，走向成功。

（2）评价知识树。孩子学习的每一个知识点都可以用红苹果、半红苹果、青苹果来直观展现知识的掌握程度，时刻激励着孩子的每一点进步。

（3）归类错题本。对孩子练习中的错误进行各种分类，方便孩子对错题进行强化练习，实现对相关知识的巩固提升。

（4）学习平衡系统。孩子在做练习题的过程中，知识点掌握得不好的，练习题量会动态增加，掌握得好的，练习题量会减少，从而帮助孩子实现对各学科知识的全面提升。

（5）星级评价体系。根据孩子作业完成的正确率，分成一颗星（☆）至五颗星（☆☆☆☆☆），进行动态评价，让孩子的每一次学习都变得更有挑战性。

七、优卡学堂的应用成效

优卡学堂是巴蜀律动教育的一项物化研究成果，是信息技术促进课程改革的典型应用案例。

优卡学堂让孩子对学习更有兴趣了。平板电脑固有的特点优势，触屏式指尖学习延伸了人的感官反应，让学习者对丰富资源的获取更为便捷，互动更为简便。平板电脑是孩子学习的最爱，移动学习让孩子真正享受到学习的快乐。

优卡学堂改变了孩子的学习方式。运用信息技术手段，特别是移动互联网技术，能有效转变学生学习方式，变传统教学的教师"教"为学生主动"学"。学生可以根据自己的兴趣、爱好和需求，自主选择自己所需要的学习内容，进行个性化学习，真正成为学习的主人。

优卡学堂促进了教育均衡发展。优卡学堂中有大量优秀教师开发的网络学习课程和资源，让城市和农村的孩子都能共享优质教育资源，促进城乡教育均衡发展，实现了教学效益的最大化。

优卡学堂的学习形式是对传统教学的极大创新和改革，得到了教育同行的喜欢和专家们的高度肯定。在第二届重庆市优秀教育技术科研成果评选获活动中，优卡乐园儿童网上学堂作为重庆市的重点科技攻关项目，以良好的教学应用效果，获得了一等奖；同时还获得了重庆市人民政府教学成果评选二等奖。以巴蜀小学优卡学堂为代表的泛在课堂应用代表重庆参加在青岛举行的全国教育信息化应用展览，受到教育部领导和各国嘉宾的高度肯定，目前，已经有超过18万的学生注册优卡学堂进行泛在学习应用。

八、收获与反思

通过小学生泛在学习软件"优卡学堂"的研发和应用，我们发现，小学生非常喜欢运用平板电脑进行学习，尤其喜欢交互式的学习和动漫式的学习课程，优卡学堂的研发是比较成功的，但还需要促进更多的小学生进行应用。小学生运用手机、平板电脑进行泛在学习需要教师的引导和家长的监管。学生、教师和家长都需要对泛在学习有一个新的认识，形成教育合力，这样学习才能收到最大的成效。对于政府、学校和企业来说，净化网络空间，积极研发出更多基于泛在学习环境的学习资源和软件供小学生学习，是转变学生学习方式、实现学生个性化学习的有效措施。下一步，优卡学堂将推出更多的项目学习专题课程，以更好地满足学生的学习需求。

实现孩子们随时随地、无处不在地学习、分享和创造，律动教育、泛在课堂、个性学习，期待着分享孩子们更多的学习成果。

插入艺术字和图片 教学设计
——基于智慧教学平台的泛在学习案例
重庆市巴蜀小学校 令狐林

【教学内容】

《小学信息技术》（重庆大学出版社）第七版，四年级上册第 8 课《插入艺术字和图片》

【教材分析】

本课是在学生初步认识 Word 文档，学会插入文字、修改文字、美化文字之后，了解掌握美化 Word 文档方法的重要一课。本课学习将让学生进一步明确怎样插入艺术字、怎样插入图片，以及怎样对插入的艺术字和图片进行大小、位置等进行调整，让 Word 文档图文并茂。本课学习，要让学生掌握 Word 文档的具体美化方法，并能够迁移应用到现实生活中，应用到项目式学习中。本课学习还要让学生感受到美就在生活中，激发学生对美的追求。

【学情分析】

学生家中基本上都配备了计算机，学生会使用鼠标、键盘进行一些基本操作，懂得管理自己的文件，明白如何上网以及和从网上下载图片，知道打开和关闭软件的方法。本课的教学环境是新版的 Word 2016，学生的计算机应用水平高低不一，有的学生比较熟练，但有的学生软件操作还有一定困难。

【教学目标】

（一）知识与技能

掌握在 Word 2016 插入艺术字和图片的方法，会对插入的艺术字和图片进行调整、编辑、修改，让 Word 文档更加美观。

（二）过程与方法

通过纸质教材、微课资源、网络搜索，合作探究，实现学生个性化学习，掌握美化 Word 文档的方法。

（三）情感、态度与价值观

通过信息技术、语文、美术、科学等学科知识的综合学习应用，让学生体验项目式学习的乐趣，将信息技术应用于生活和学习。培养学生发现美、欣赏美的能力，激发学生对美的追求。

【教学重难点】

重点：艺术字和图片的插入方法；

难点：调整艺术字和图片进行图文排版。

【教学准备】

多媒体网络教室、教学课件、知识点讲解微课、学生练习和项目学习素材。

【教学策略】

针对四年级小学生的特点，设计轻松活泼的教学活动，如争当"小小美化师"，以"自主学习""合作探究""项目学习应用"等活动形式贯穿全课新知识教学，边学边练；采用对比式导入，利用多媒体课件，创设形象生动的教学情景，激发学生的学习兴趣；通过阅读教材，自主学习微课等个性化学习方式，让学生掌握在 Word 文档中插入艺术字的方法和技巧；通过小组合作，组内同学相互指导的方式，让学生学习了解在 Word 文档中插入图片的方法和技巧；通过"蛋宝宝"项目学习，实现信息技术、语文、美术、科学等学科知识的综合学习应用，提升学生将信息技术知识应用和服务于生活、学习的意识和能力，培养学生发现美、欣赏美的能力，激发学生对美的追求。

【教学过程】

一、对比提问，导入新课

（一）看图片，找不同

师：同学们，最近，学校发起了争当"小小美化师"的活动，优优和卡卡两个同学为了争当"小小美化师"，他们帮老师修改美化了一篇电子作文，我们来看一下他们俩的作品。（课件：优优和卡卡修改美化的电子作文图片）

师：这是优优同学的作品，这是卡卡同学的作品！请大家仔细看并思考它们有什么不同？你更喜欢谁修改美化的电子作文，为什么？

生：优优的，因为他在电子作文里插入了艺术字和图片，让电子作文变得更美观。

（二）揭示课题

师：看来同学们对插入了艺术字和图片的 Word 文档都表现出了极大的兴趣，在我们的生活和学习中，很多时候都需要应用艺术字和图片来丰富、美化我们的日记、作文、报告等作品，让我们的电子文档图文并茂，更生动形象地传达信息。今天，我们就一起来学习在 Word 2016 中《插入艺术字和图片》，我们也来争当"小小美化师"好吗？请齐读课题：《插入艺术字和图片》。(板书课题：插入艺术字和图片)

(设计意图：通过对比普通的电子作文和插入了艺术字、图片的电子作文，揭示课题，明确学习任务，激发学习兴趣。)

二、师生协作，新课学习

(一) 教材微课，个性学习

第一步，学生通过阅读教材、观看微课，根据个人需要，自主学习在 Word 文档中插入艺术字。

师：同学们，信息技术发展得实在是太快了，前面我们编教材的时候，还流行用 Word 2003，目前，已经是在用 Word 2016 了，不过，软件版本虽然升级了，但基本的操作方法是没有变的。今天的学习，老师给大家准备了复印的教材，还给大家准备了一些微课资源，今天的第一个学习任务：请大家通过阅读教材，观看微课，根据个人需要，自主学习在 Word 文档中插入艺术字。开始吧。(课件：学习任务一)

第二步，学习练习在 Word 文档中插入艺术字。

师：已经学会的同学，请打开"到北京看奥运"电子文档，练习一下在 Word 文档中插入艺术字。

第三步，学生示范在 Word 文档中插入艺术字。

师：在 Word 文档中插入艺术字，你学会了吗？哪位同学可以来示范一下呢？如何对插入的艺术字进行修改呢？下面，我再请一位同学来示范一下。

(二) 同伴互助，合作探究

第一步，通过小组合作，由小组内信息技术掌握得较好的同学，演示指导小组内的同学学习在 Word 文档中插入图片。

师：看来，同学们对在 Word 文档中插入艺术字已经掌握了，怎样在

Word 文档中插入图片呢？这就是今天的学习任务二。请大家进行小组讨论，推荐一位信息技术掌握得较好的同学，演示指导小组内的同学学习在 Word 文档中插入图片。（课件：学习任务二）

第二步，学生自主练习，在 Word 文档中插入图片。

师：已经学会了的同学，请回到座位，在刚才打开的"到北京看奥运"文档中，插入一张"图片素材"中的图片。

师：你还可以试一试，应用不同的"环绕文字"方式，看看会有什么不同的效果。你也可以进行一些其他图片的修改调整。

第三步，学生示范在 Word 文档中插入图片。

师：老师发现，许多同学都学会了在 Word 文档中插入图片，哪个同学能来展示一下你的作品，并给各位同学演示一下，你是怎么操作的。

（三）总结反思，提炼方法

师：同学们，老师欣喜地发现，我们班的同学都很能干，大家都掌握了在 Word 文档中插入艺术字和图片的方法和技巧，老师现在就想问了：在 Word 文档中插入艺术字和图片，怎样才能让 Word 文档更美观漂亮呢？（课件：问题）

（板书方法：大小合适、位置恰当、图文匹配、色彩协调）

师：同学们回答得真好，看来大家都掌握了在 Word 文档中插入艺术字和图片的方法，而且能够把 Word 文档设计得美观漂亮。祝贺同学们！

（设计意图：该课堂通过信息技术手段，转变教师教学方式和学生学习方式，建立起以学生"学"为中心的课堂。该课堂通过微课资源，让学生自主个性学习；通过同伴互助，让学生合作学习；通过教师总结引导，让学生掌握修改美化 Word 文档的方法和技巧。学生主动参与，激情参与，在做中学，学中做，体验成功的快乐。）

三、项目学习，综合应用

第一步，讲"蛋宝宝"项目学习要求。

师：同学们，信息技术课学习，不仅要同学们掌握一些信息技术知识，同时要求大家要学会用信息技术的方法来支持自主学习、个性学习，更重要的是，还要将学到的信息技术知识应用于生活，服务于其他学科的学习。这学期开始，我们进行了"蛋宝宝"项目学习，每个同学都选定了自己的研究题目，而且综合应用信息技术、语文、美术、科学等学科知识进行项目学习实践，大家学得开不开心啊？（开心）上一次课，同学已经就自己的研究实践写了一篇小作文，今天我们就来应用所学到的信息技术知识，在作文中插入艺术字和图片，做一个"小小美化师"，把我们的"蛋宝宝"项目学习作品设计得美观大方、图文并茂，好吗？（好）（课件：项目学习，综合应用要求）

师：请同学们把"小小美化师"标贴贴在胸前，打开 E 盘，然后找"插入艺术字和图片"文件夹中"项目学习"文件夹，打开自己的作文文档，开始美化设计吧。

第二步，学生在"蛋宝宝"项目学习作文中插入艺术字和图片。

（背景音乐响起，教师巡视，屏幕切换到屏幕监看，及时点评学生作品）

师：在"蛋宝宝图片"文件夹里，老师给大家准备了一些图片，同学们可以选择插入到自己的作文中，同学们也可以到网上去下载自己需要的图片。

师：同学们在美化设计的时候，请一定要注意，做到插入的艺术字和图片要大小合适、位置恰当、图文匹配、色彩协调。

第三步，小组内进行美化设计后的作文欣赏交流。

师：设计好的同学可以提交作业了，并请你在小组内把你的作品进行交流展示。请每个小组推荐一个同学的作品代表你们小组进行全班交流。

（设计意图：该环节通过项目学习方式，将信息技术知识主动应用于生活和学习。充分鼓励实践创新、独立探索、自主学习，创造出富有个性的作品。)

四、作品欣赏，反馈评价

师：好了，同学们，时间有限，创意无限，刚才老师看到了同学们设计的作品都很优秀，下面，请每个小组推荐一位同学上台来展示你修改美化的项目学习作文。谁是第一个上台来为你们小组争光的同学呢？有请这个同学。

第一个孩子作品：请你介绍一下你的作品应用了哪些你学到的信息技术知识对作文进行美化修改。

第二个孩子作品：请你说一说你作品的名称，给大家介绍一下你的作品。这位同学作品中，你最喜欢的地方是什么？

第三个孩子作品：请你说一说你是怎样把你的项目学习作文变得图文并茂、美观漂亮的。

第四个孩子作品：请你给大家介绍一下你修改美化的作文，好吗？

师：同学们，看来，大家的项目学习，非常有成效，老师为你们自豪，为你们点赞！

（设计意图：该环节激励孩子们学会自我欣赏，自信表达，勇于上台展示自己的作品。鼓励同学们学会相互欣赏，通过对作品的欣赏和评价，进一步巩固学生对插入艺术字和图片方法的理解。）

五、总结回顾，延趣课后

师：同学们，今天的课堂让老师感动，你们太棒了！同学们，今天的学习你们有什么收获呢？同学们，大家通过个性化的学习方式，自主学会了在 Word 2016 中插入艺术字和图片的方法，而且将所学的信息技术知识应用到了项目学习中，能够设计出很有创意、非常漂亮的作文。大家都是名副其实的"小小美化师"！祝贺你们！学习信息技术，就是为了要在生活和学习中应用信息技术，祝愿同学们在今后的学习中，取得更大的成果。下课！

（设计意图：该环节通过总结回顾，加深学生对所学知识的印象，明白为什么要学习信息技术，让学生感受到美就在生活中，让学生享受到成功的喜悦。）

配置我的计算机
——基于二维码资源的泛在学习案例

重庆市巴蜀小学校　李永望

【教学内容】

《小学信息技术》（重庆大学出版社）第七版，六年级上册第11课《配置我的计算机》。

【教材分析】

本课内容是结合生活实践问题"你想拥有一台满足自己的需要、价廉物美的计算机吗"来设置的，意在让学生通过了解不同类型计算机的区别以及计算机内部设备和外部设备的名称、功能等硬件知识，初步掌握如何根据个性化的需要合理配置个人计算机。本课的学习，为六年级的学生揭开计算机正常工作需要哪些基础设备的谜题，让学生学会如何配置一台兼容机，为下一课正确连接计算机的学习打好基础。为了学会如何合理配置个性化的计算机，学生必须先真正掌握计算机的各种硬件功能，才能做到有的放矢、按需选择、合理搭配。所以将本课教学内容安排为两课时来完成，此为第一课时的教学设计。

【学情分析】

学生家中基本上都配备了计算机，但是对于如何配置计算机几乎没有具体的认识和了解。尤其是兼容机的配置，对大多数学生而言是一片空白。在六年级开展这样的计算机硬件知识普及需要充分考虑学生的现实需要和学习兴趣，如引导他们从关注软件的使用到关注硬件的选择，探秘计算机正常工作需要哪些基本配件、这些配件的功能是什么等。在此基础上，还应拓宽学生的视野和思路，引导学生关注计算机技术的发展历史和未来趋势，达成信息素养的提升。

【教学目标】

（一）知识与技能

了解品牌机和兼容机的区别，认识计算机的机箱配件和外部设备，掌握计算机正常工作需要的基本配件的名称、功能等相关信息。

（二）过程与方法

通过纸质教材、微课资源、网络搜索、合作探究，实现学生个性化学习，为学会合理配置个性化的计算机打好基础。

（三）情感、态度与价值观

培养学生综合运用信息知识分析问题、解决问题的实践动手能力和合作分享能力，提升学生的信息素养。

【教学重难点】

重点：了解主机箱常用配件的知识；

难点：了解主机箱内的常用配件的功能。

【教学准备】

多媒体网络教室，教学课件，调查表，电脑配件，板书 KT 板，学生资源包。

【设计理念】

如何让学生有效地掌握计算机的硬件知识，让这些冷冰冰的计算机配件传递出学习的趣味？如何激发学生的创客精神，让他们愿意去探究、创新，鼓励学生尝试把自己的想法变成现实？

基于让学生"乐于学习、主动学习、学会学习"的理念，设计了"创客小达人 CPU"这一个贴近学生生活的学习同伴角色，在解决生活真实问题的任务情境中激发学生兴趣，以问题导向、任务驱动的方式去探秘计算机。同时，创设丰富的学习资源，开展小组合作、分层教学，达成教学目标的落实。本堂课所指创客的概念并不是在课堂上要创生出一个实际的事物，而是带领学生为成为创客达人做好充分的知识储备。学生在动手去实现创意之前，必须对这个创意的对象有所了解才能实现之后的创意。

【教学策略】

针对六年级学生的特点，设计富有挑战性的教学活动。以"创客总动员"为活动载体，以"创客小达人"为评价要求，激发学生的学习热情和学习兴趣。立足解决现实生活中的实际问题，引发学生的思考，以"情境教学法""任务驱动法""合作学习法""自主探究学习法"串联整个学习过程。在教学中关注每个学生的前置知识背景，有针对性地开展适合不同层次学生的个性化学习，让学生从感知到理解再到运用，通过创客体验，真实感受到信息技术的高速发展带给人们学习、工作、生活的便捷，培养并提升学生将信息技术知识应用和服务于生活、学习的意识和能力，激励学生发扬创客精神，提升学生的信息素养。

【课前学生任务】

一、谈话交流，填写调查问卷

师：同学们好，欢迎大家走进今天的课堂，我是来自重庆市巴蜀小学的李永望老师，你们可以叫我李老师，也可以叫我旺旺老师，很高兴能认识你们。现在还有几分钟才上课，我们一起来聊聊天，好不好？同学们喜欢玩电脑吗？

生：喜欢！

师：其实李老师也很喜欢玩电脑。今天呀，我想先通过一个调查问卷，了解一下你们对电脑的熟悉程度。接下来我演示一下调查问卷的填写方法。（教师示范问卷星的使用方法）

师：通过这个调查数据，我们可以看出，同学们对计算机还不太熟悉，没关系，一会儿我们将以创客的身份一起来学习，我相信通过今天的学习，你们会有很多的收获。

二、看视频：了解什么是创客

师：那么什么是创客呢？请看视频。（课件）

师："创客"一词来源于英文单词"Maker"，是指出于兴趣与爱好，努力把各种创意转变为现实的人。怎样才能成为创客呢？

生：……（点评学生关键词：创新、钻研、分享、合作、实践）

师：老师觉得要想成为创客，首先要具备思考和钻研精神，要有扎实的理论基础，要善于沟通与合作，勇于实践。当你具备上述条件，那么恭喜你，你具备了成为创客的潜质。你们想成为一名小创客吗？

生：想。

师：好，请静息，做好上课准备。

【教学过程】

一、激趣导入，揭示课题

师：刚才我们一起聊了关于创客的话题，说到创客，我们学校就有一位创客小达人，他动手能力特别强，下面我们来看看他的故事。（播放视频）

我是创客小达人，外号CPU。问我为什么叫这个名字？因为我是一个超级电脑迷呗！我一直梦想着能有一台属于自己的计算机。它，要有超强的中央处理器；它，要有强大的图片处理能力；它，要有超酷的音响效果……可是想象很美好，现实很残酷……学校电脑不常用，家里电脑老卡机，谁用谁着急！唉！

在我过生日这天爸爸妈妈终于答应给我买一台新电脑了。欧耶！

师：可以给自己买新电脑了，CPU同学非常高兴，那么如果你是CPU，你会选购什么计算机呢？

生：笔记本、苹果电脑、品牌电脑、组装电脑……

师：同学们都有自己的想法，关键是要选择适合自己需求的、价廉物美的计算机。

师：今天这堂课，就让我们和CPU同学在选购新电脑的过程中探秘计算机，共同争当创客小达人，好吗？

生：好！

师：请齐读课题《配置我的计算机》。

生：齐读课题《创客小达人 探秘计算机》。

（设计意图：该环节通过典型案例呈现，让学生进入学习角色，思考解决办法，了解可以结合自己的需要来选择电脑配置，从而引入课题探秘计算机，激发学生的学习兴趣。）

二、师生协作，新课学习

（一）任务驱动，自主学习

第一步，了解品牌机和兼容机的区别。

师：接下来我们一起来看看CPU同学是怎么探秘计算机的？（播放视频）

一天上午，CPU同学兴致勃勃地来到电脑城，琳琅满目的设备看得他眼花缭乱，在询问过程中，他发现有两台计算机的配置一模一样，但是价格却是相差很多：＊＊品牌机4999，＊＊兼容机3999。这是为什么呢？

师：故事中CPU同学发现有两台计算机的配置一模一样，但是价格却是相差很大，你们想知道原因吗？

生：想！

师：市面上的计算机一般分为两类：一类是品牌机，就是由专业的生产厂家安装调试好的计算机，还有一类就是兼容机，就是根据自己的需求选择配件进行组装的计算机。如果是你，你会买哪一台？理由是什么？

生：品牌机，因为品牌机稳定，好用。

师：请坐，还有吗？

生：兼容机，因为兼容机可以按照自己的想法配置，可以个性化。

师：请坐，品牌机与兼容机各有优缺点，品牌机它最大的优点是运行比较稳定，售后服务很好。缺点就是价格较贵，并且不能随意更改配件。兼容机的优点是性价比高，同样的价钱可以配置出更高配置的计算机，还可以根据自己的需求来进行组装，缺点是必须要对计算机硬件有所了解，不然很容易被人忽悠。

师：好，在了解它们的区别后，CPU 同学根据自己的需求决定选择购买兼容机，接下来又会发生什么呢？我们接着往下看。（播放视频）

CPU 同学基于自己的需求，选择购买兼容机。他又看见了一台兼容机，外观看起来差不多，一看售价吓了一跳——13888！为什么同样是兼容机，价格差距这么大呢？

师：同样是兼容机，为什么价格差距这么大呢？到底是什么决定着一台计算机的价格呢？有谁来说一说？

生：硬件配置不一样。

（设计意图：该环节通过价格的对比，让学生快速了解品牌机和兼容机的概念，以及它们的优缺点，从而衔接到认识兼容机的硬件名称，激发学生的学习兴趣。）

第二步，认识计算机硬件名称（内设、外设）。

师：正确，想要选购兼容机，首先得知道计算机有哪些硬件。

师：现在 CPU 同学就面临着两个问题，请同学们帮他解决一下：问题一，主机箱的常用硬件有哪些；问题二，计算机还有哪些外部设备。

（提示：请翻到书 11 课寻找答案，时间 30 秒。）

师：时间到，谁来回答第一个问题：主机箱的常用硬件有哪些？

生：主机箱里常用硬件有：主板、CPU、内存、硬盘、显卡、电源、网卡、声卡、光驱等。

师：回答正确，请坐。××小组加 1 个大拇指。下面第二个问题：计算机还有哪些外部设备？

生：外部设备有：显示器、鼠标、键盘、音箱、摄像头、扫描仪、打印机、手写板、投影仪等。

师：回答正确，请坐。××小组加1个大拇指。

第三步，创客小达人闯关一（计算机硬件猜一猜）。

师：刚才同学们说到了这么多的硬件名称，你们都认识它们吗？敢不敢来挑战一下。接下来我们进入挑战创客小达人第一关：硬件名称猜一猜。

师：首先猜一猜计算机主机箱里的硬件。以小组为单位进行抢答，答对1题，加1个大拇指。

生：积极参与抢答。

师：内部设备认完了，外部设备认识吗？这里，我希望同学们能够大声地集体回答。

生：集体回答。

师：非常棒！我们计算机的外设又分为输入和输出设备，输入设备顾名思义就是向计算机输入数据和信息的设备；输出设备就是接受计算机输出的数据和信息的设备。那么在这些外设中哪些是输入设备？哪些是输出设备呢？

生：输入设备有：鼠标、键盘、摄像头、扫描仪、手写板等；输出设备有：显示器、音箱、打印机、投影仪等。

师：回答正确。恭喜同学们挑战第一关成功。给每个小组加1个大拇指。

师：在刚才同学们回答的过程中老师发现，计算机内部设备，平时看不见，我们不太熟悉。而计算机外部设备是我们能够看见、经常使用、比较了解的。那么我们今天的重点就来了解计算机的内部设备。

（二）问题导向，合作探究

第一步，了解计算机硬件的功能。

师：在这么多的内部设备中，要想让计算机正常工作，其中主板、CPU、内存、硬盘、电源、显卡是缺一不可。接下来，我们分小组来探秘这些硬件的功能。

师：在探秘之前，老师这里有一个提示：桌面有一个资源包的文件夹，大家可以使用文件夹里老师为你们准备的微课资源进行学习，也可以查阅资源包里的文字资料，还可以上网查询硬件功能。有这么多的查询方式，在有限的时间里怎么才能更有效率完成任务呢？

生：我们可以分工合作。

师：合理分工可以在有限的时间内高效地完成任务，人员具体怎么安排呢？接下来，请大家讨论30秒并完成分工表，老师请一个组说说他们的想法？

生：××进行微课学习、××进文字资料查询、××上网查询、××记录整理、××最终汇报。

师：这个小组，分工合理，充分发挥了团队的作用。给你们点赞，加1个大拇指。老师这有6个硬件箱，每个硬件箱有1个硬件，小组长选择1个硬件箱，然后小组内部讨论交流完成任务表，汇报的时候回答3个问题：第一，你们组研究的硬件名称是什么；第二，这个硬件的功能是什么（用一句话概括）；第三，用形象生动的比喻来形容这个硬件的功能。

师：接下来老师给同学们5分钟时间来完成任务，你们准备好了吗，计时开始。(flash 时钟单独播放)

（教师巡视，提醒、点评，屏幕监看3分钟）

（资源包提示：①微课资源；②闯关秘籍；③参考网站）

第二步，分享汇报，互助提升。

师：时间到，下面有请每组汇报员上台做汇报，由第一组开始汇报。（屏幕广播控制，学生面向老师）

生：我们研究的硬件是主板。主板能提供一系列接合点，供处理器、显卡、声效卡、硬盘、存储器、对外设备等设备接合，就像人的骨骼躯干……

师：比喻恰当，给主板组加2个大拇指。我们通过观察，可以发现主板一般为矩形电路板，安装了电路系统，可以连接各硬件。可以说，主板的类型和性能决定着整个计算机系统的类型和性能。接下来有请第二组。

生：我们研究的硬件是CPU。CPU的功能是解释计算机指令以及处理计算机软件中的数据。就像人的大脑……

师：脑洞大开，让人无限遐想，CPU小组加2个大拇指。CPU作为计算机的核心硬件，它的发展可谓是日新月异。（课件配图）从1971年，Intel推出了世界上第一款微处理器4004，它只有2300个晶体管的4位CPU，到现在的Intel推出的酷睿i76950X，它采用14纳米制造工艺，具有20线程、10核心，运行速度非常了得。在这五十几年的发展历程里，CPU的计算能力发生了巨大的、质的飞跃！

生：我们研究的硬件是内存。内存的功能是用于暂时存放CPU中的运算数据，以及与硬盘等外部存储器交换的数据，存取速率快，关机则数据清零。就像一条公路，公路越宽，流通或者临时停放的车辆就可以更多，而内存越大，临时存放的数据就越大，流通的数据也就越快；反之……

师：非常有创意，加2个大拇指。内存条是计算机中重要的部件之一，它是与CPU进行沟通的桥梁。计算机中所有程序的运行都是在内存中进行的，因此内存的性能对计算机的影响非常大。内存的功能是连接通道、暂存数据、数据交换。有请第四组。

生：我们研究的硬件是显卡。显卡的功能是对电脑进行数模信号转换，承担输出显示图形的任务。就像人的视网膜，所有的图形图像数据都是通过它输出……

师：谢谢显卡小组的汇报，加2个大拇指。显卡是计算机最基本配置、最重要的配件之一。显卡的功能是数模转换、输出显示图形。有请第五组。

生：我们研究的硬件是硬盘。硬盘的功能是对计算机的数据进行存储。就像我们的仓库……

师：语言清晰，思路清楚，硬盘组加2个大拇指。硬盘是计算机主要的存储媒介之一，硬盘的功能是存储信息、数据。有请第六组。

生：我们研究的硬件是电源。电源的功能是将交流电转为直流电，再通过斩波控制电压，将不同的电压分别输出给主板、硬盘、光驱等。我们觉得电源就像人的心脏一样重要。

师：对，电源就像人的心脏一样重要，不能忽视，给电源组加2个大拇指。电源的功能是主机箱各硬件供电的枢纽。

师：谢谢同学们的精彩汇报，让我们对计算机硬件有了更多的了解。

师：你们探秘的这些硬件就可以组成一台能够正常工作的计算机主机。除此之外，机箱里还有一些常见的配件，如网卡、声卡、光驱等。我们一起来简单了解一下。

师：网卡就是连接计算机与网络的设备。声卡是实现声波/数字信号相互转换的一种硬件。目前绝大部分的主板已经集成了网卡和声卡，如果你有特殊的需求，可以购买独立的网卡、声卡。光驱就是电脑用来读写光碟内容的设备。除不可缺少的核心硬件外，我们还需要什么样的功能就可以添加什么样的硬件。

师：既然我们知道了这些硬件的功能，你们想不想看一看计算机是怎么工作的呢？

生：想。

师：让我们来看一看计算机工作原理的动画。

现在我这里有一道数学题，"1＋2＋3＝"，首先电源供电，主机正常工作，通过输入设备将数学题传输到内存，内存再通过主板到达CPU，CPU开始计算，然后CPU再通过主板传输给内存，内存再通过主板传输给显卡，同时存储到硬盘里，显卡再输出到输出设备。这就是我们计算机的工作原理。

第三步，创客小达人闯关二（连一连）。

师：为了检验同学们是否都清楚了主机箱内硬件的功能，我们进入挑战创客小达人第二关：计算机硬件功能连一连。

生：……

师：祝贺大家闯关成功！每个组加 1 个大拇指。

师：谢谢同学们一起帮助 CPU 同学解决了两个重要的问题！在刚才的小组合作中，同学们拥有创新探索精神，善于查阅资料，沟通交流，并能创意设想，这些都是我们成为创客小达人所必备的条件。祝贺大家！

（设计意图：该环节通过信息技术手段，转变教师教学方式和学生学习方式，建立起以学生"学"为中心的课堂。通过微课资源，让学生自主个性学习；通过同伴互助，让学生合作学习。学生主动参与，激情参与，在做中学，学中做，体验成功的快乐。）

三、拓展思维，互助提升

师：同学们真棒。刚才了解了我们主机箱里硬件的名字和功能，那么我们再回头看看 CPU 同学的需求是什么呢？（播放视频）

首先，要有超强的数据处理能力。你有什么建议呢？（链接中关村）

目前市场上 CPU 的热门品牌有 intel、AMD 两种。其中 intel 中的酷睿系列和 AMD 公司的锐龙系列都是面向中高端消费者、工作站和发烧友的一系列 CPU。我们可以根据需要从中选择购买。

其次，要有强大的图片处理能力。我们应该对哪个硬件着重选择呢？

显卡的分类十分的繁多，有众多知名品牌，我们应该怎么选择呢，接下来我们来听听专家的建议。

再次，要有超酷的音响效果。这个需求我们应该考虑哪些硬件呢？

声卡、音箱便宜的很便宜，但对发烧友来说，有些声卡加音箱上千万，你们信不信？不信，你可以扫描老师这里为大家提供的二维码，里面有一些很专业的知识介绍。

最后，让我们来看看 CPU 同学探秘计算机后的结果。（播放视频）

Hi！同学们，你们都了解了各种硬件的功能了吗？反正我是全弄懂了！这一次我总算可以按照我的使用需求和价格预算来选择配置喽！今天，我太有收获了，你们呢？

四、展望未来，延趣课后

师：祝贺 CPU 同学成功选购了自己心仪的计算机。随着时代的发展、科技的进步，我们的硬件也无时无刻不在发生着变化，世界上的创客达人们，为了让我们的生活更加美好、学习更轻松，也在创意更多的智能产品，让我们一起来了解一下。

师：要想设计出这些有创意的计算机，必须打好坚实的基础，充分理解各项硬件的功能原理。在这节课中我们已经初步了解了计算机硬件的名称和功能，同学们掌握得如何呢？我们再来做一次问卷调查。请同学们打开反馈总结这个网页文件，填写并提交。

通过两次问卷调查，我们可以看出，同学们通过今天的学习，收获了知识，也变得更加自信了！同时也祝贺第×小组获得了×个大拇指，第×小组获得了×个大拇指……把掌声送给自己！下节课老师将给同学们一次大显身手的机会，我们将基于这节课中对硬件的了解，配置出一台完整的计算机，并且动手组装出来。你们有信心吗？

生：有。

师：好，期待各位未来的创客达人们更加精彩的表现！同学们，再见！

（设计意图：开拓学生认识计算机的视界，从关注硬件到关注发明硬件的"创客达人"（科学家、工程师），提出对创新精神的传承和发扬，更好地激励学生发扬创客精神，提升学生的信息素养，让学生学会在生活中运用，达成学习方法和学习内容的迁移转化，让学生带着问题离开教室，延续学生学习兴趣。）

第六节 泛在学习的挑战

移动互联网时代，学生非常喜欢和希望进行泛在学习，因为这种学习方式不仅仅有趣和时髦，更重要的原因在于：第一，泛在学习会让学生的学习效率有效提升；第二，泛在学习可以真正促进学生的个性化成长，让学生可以根据自己的个体需要，选择自己感兴趣和难易适度的学习内容；第三，泛在学习还能有效克服传统网络教育不能很好实现学生和老师、同学进行情感交流的问题，无处不在的学习伙伴更能有效地建立起学习共同体；第四，泛在学习中，学生不再是被动接受老师讲解的知识，这样环境中，学生也是知识的贡献者，让学生也可以来当老师，让学生从知识的被动接受者变成了参与者，真正成为学习的主人。所以说，研究和推广泛在学习，对学生成长来说，意义重大。

要开展好泛在学习，对教师的教育教学工作提出了严峻的挑战，对教师的专业素养提出了新要求。第一，教师要更新观念，解放思想，要勇于改变自己原有的教学习惯；第二，教师要通过泛在学习方式，不断地学习，更新自己的技术素养，跟上时代发展的节奏；第三，教师要和学生建立起新型的师生关系，和学生平等对话，要从权威的知识传授者转变成学生的学习伙伴，课堂要从教书变成育人的现场；第四，要实现课堂教学方式的有效转变，从教知识变成给学生设计学习资源，给学生的个性化学习进行有效指导，引导学生进行自主学习、合作学习和探究式学习；第五，要主动适应信息技术的发展，在互联网上主动分享和贡献教学资源，不断总结网络线上教学和线下教学相融合的实践经验，从传统教师成长为互联网名师。泛在学习时代，让教师教学不再局限在教室，让学生从几十个变成了成千上万个，教师要为这样的教学变化做好准备。

泛在教育要在各个学校有效地开展，第一，在智慧校园的建设过程中，要强调泛在化学习硬件环境的建设，实现学生在校园内外随时随地、无处不在地泛在学习；第二，要系统地推进泛在学习平台和资源的建设，要实现资源由不同学校教师，包括有能力的学生和家长的协同建设、编辑修改，建成体系的泛在学习精品资源；第三，要研究泛在学习的教学方法和评价方式，实现线上线下融合式教学变革；第四，要通过大数据分析，实现以系统智能推送为主，辅以教师人工推送相结合的学生学习资源个性化推送；第五，鼓励有条件的学校引入基于物联网的情境感知设备应用到学习中，这样，泛在教育才能取得更好的成效。

教育是一门哲学，教育改革永远在路上，新技术的发展和应用会不断地推动教学变革。学习从传统课堂走向了多媒体课堂，从多媒体课堂走向了交互式课堂，现在正在从交互式课堂走向泛在学习课堂和智慧学习课堂。我们希望通过课题组的研究，能有效促进中小学生泛在学习资源的建设，去实现孩子们随时随地、无处不在的学习、分享和创造。律动教育、泛在学习、个性成长，我们期待着分享孩子们更多的学习成果。

02

白色思考帽：管理与策略

白色代表中立和客观
戴上白色思考帽
人们思考的是客观事实和数据
设定"框架"
更加中立客观地呈现信息

赤橙黄绿青蓝紫，五彩斑斓，绚丽多姿；
我唯独钟爱白色，纯洁无瑕，高贵典雅。

新娘的婚纱是白色的，
青年男女喜结连理，从此开启人生美好的旅途。
护士的工装是白色的，
给人柔和静谧之感，让患者心平气和早日康复。
母亲的乳汁是白色的，
哺育着襁褓的婴儿，让生命世界得以繁衍生息。

白色素雅高贵，白色客观真实。
戴上白色思考帽，
主动适应移动互联网时代的飞速发展，
转变教师的教学方式和学生的学习行为，
唤醒教师专业成长的自省与自觉，
民族复兴指日可待也。

本章重点关注教师教育管理。"基于网络环境下教师教育管理策略研究"课题组经过三年的研究，厘清了重庆市内教师培训机构在网络环境下开展教师培训工作的问题，并从培训项目管理、实施过程管理、培训课程资源管理、培训人力资源管理几个维度初步探索出基于网络环境下的教师培训管理方面的策略，并在指导实践中取得了丰硕的成果。

第一节　培训项目管理

借助网络协同办公平台，统筹协调整体推进培训项目管理的策略。

该策略是培训项目管理团队、基层学校和参训学员利用网络协同办公平台，实现对中小学教师全员培训的方案研制、项目申报、项目审批、学员报名、项目实施、项目结项、统计报表等全过程实施网络监控和管理，以确保培训机构和服务对象都能在封闭的系统平台内高效、有序、整体推进，直至圆满完成培训项目。

一、培训机构网络协同办公

课题组借助协同办公平台，从项目申报到方案执行，贯穿应用于整个项目执行的始终。"为知笔记"是很好的协同办公平台，它既能实现团队成员间自由沟通、快速交流，每个成员也能实时跟踪管理项目进度，还能解决各种形式海量数据云端存储、随意分享的问题，确保项目整体高效推进。例如，云阳教师进修学院培训管理团队在培训项目管理中反复实践，借助"为知笔记"平台建立"个人笔记"和"团队笔记"，在工作中实时进行团队协作交流，实现了培训项目管理的集成化、模块化、标准化和无纸化，提高了培训管理协同办公的效率。

1."集成化"作业

利用为知笔记的"同步"功能，让处于终端前台的个人作业及时与为知笔记的云端同步。系统的"消息中心"同时会把最新信息通知给加入团队笔记的其他成员，只要是团队笔记中的成员或领导均能方便查阅成员作业，且可以随时修改并与云端同步。这样，既增强了团队成员间的工作透明度，又能随时了解个人的工作进度。为知笔记这一功能把分散办公转变成了网上集中办公，开启了集成化作业，拉近了同事间的距离，提高了工作效率。例如，在云阳教师进修学院开展的"'国培计划'——乡村幼儿园教师送教下乡"培训项目中，实现了为知笔记对培训项目在网络环境下的集成化作业管理。由于该培训项目来得太突然，上级主管部门又要求按时完成送培任务，培训主管将"国培计划"管理办法、项目申报书、送教场所基本情况等资料上传到为知笔记的"团队笔记"相应项目的栏目中（如图2-1）。项目管理团队各成员利用个人终端系统进行集中研读，并高效完成培训实施方案，集中研讨了送教下乡存在的具体问题与解决预案，确保了送教培训的顺利实施。

图2-1　为知笔记"集成化"管理培训项目

2. "模块化"管理

模块化管理主要体现在工作任务的模块化与工作项目的模块化。在工作任务模块化的管理中，管理团队各成员以个体身份加入团体，项目主管可将团队任务分割，并把任务模块分发给各成员，方便实现工作任务的模块化；在工作项目模块化的管理中，用为知笔记的文件夹功能，可将大项目分解成多个子项目模块，管理团队成员各个击破，从而实现工作项目的模块化，也实现了网络环境下的管理任务化繁为简。云阳教师进修学院开展的薄改工程"小学语文联片送教培训"，培训场地简陋，设施设备落后，组织管理难度极大。管理团队自带投影系统驱车前往送培地点，还要提前安排好管理者、培训者、参训者的食宿，以及协调好送培机构与各受培单位之间的关系。培训主管将工作划分为培训联络、设备保障、后勤保障、过程管理、专家接待等任务模块，并将各模块的具体任务上传到为知笔记相应项目下。各个任务模块管理者在团队笔记指引下开展工作，并将各时段的工作完成情况在团队笔记中实时更新，一是方便项目主管了解工作进展，及时设计后期工作方案；二是方便团队成员相互关注，及时调整自己的工作方式与进度。网络环境下的任务模块化管理让整个培训组织精细透明，紧张有序。

3. "标准化"接口

所谓标准化接口，如同一台饮水机，只要进出水口标准统一，无论什么品牌的饮用水均能直接灌装和接水饮用。做培训管理也是一样，要把培训管理任务细分，让任务模块相对固定、标准统一，才可以方便借用为知笔记进行网络化协同办公高效管理。这样，如果培训过程中张三有事走了，由于任务模块固定，标准统一，李四就可以立即接替工作，培训管理就实现了管理者"即到即用"。例如，云阳教师进修学院2017年组织开展了云阳县首批中小学音乐、体育转岗教师培训，由于学员都不是本专业毕业的，为了提升他们最基本的教学技能，培训周期长达三个月。其间，培训班主任、项目负责人、后勤服务人员因外出学习或扶贫支教等原因被多次抽走，但是，一点也没影响培训工作进程与质量。替补进来的对应管理人员只需及时进入为知笔记的团队笔记中，了解培训项目进展、阅读任务模块标准，不需要进行面对面的工作交接，便能很快清楚自己的工作，立即进入岗位角色，高质量完成培训管理任务。

4. "可视化"办公

为知笔记可实现电脑、平板电脑、手机等终端设备与云端平台大数据无缝衔接，能做到移动办公信息完全同步，突破了时空限制，所有工作数据留痕，流程可见，是"可视化"办公。在工作汇报中，为知笔记的"消息中心"会自动提示团队成员发布文件的消息，点击即可展示发布者撰写的各类方案、过程资料、工作总结，以及相互之间沟通交流的内容。因此，管理团队成员交流时不需要传阅纸质材料（如图2-2）。在任务警示中，为知笔记提供了活动的"桌面便签"，能方便添加电子便签和隐藏电子便签，以提示个人工作进度与当前工作重点。例如，在云阳教师进修学院2017年年度工作总结撰写中，充分借助为知笔记的协同办公功能，管理团队成员把各自一年来的工作进行总结，直接在"团队笔记"中撰写、存储、同步，摒弃以往的纸质传阅，培训主管直接在"团队笔记"中统稿修订，既提高了工作效率，又节省了办公耗材。在信息化时代，为知笔记只是众多辅助办公平台之一，平台是开放的，人是灵动的，二者深度融合，可以创造性地开展工作，实现高效办公。

图2-2 为知笔记"无纸化"办公

二、基层学校网络申报校本培训

针对部分学校校本培训缺乏顶层设计、流于形式、培训存在低效或无效的情况，作为区县教师培训机构，一方面，要建立"下乡入校视导"制度，重心下移"送教下乡"，对校本培训开展乏力的学校予以有力的指导，达到科学引领、雪中送炭的效果；另一方面，要利用中小学培训学分信息管理系统，加强校本培训的申报审批，强化科学管理。新学年初，学校应在培训学分信息管理系统上报校本培训实施计划，培训管理机构通过审核后予以实施。学校及时上传校本培训实施的过程资料，登记教师继续教育学时，如图2-3所示。培训机构根据基层学校校本培训的进度，随时到现场或者通过网络实时抽查学校开展校本培训的实况，促使校本培训有序开展。

图2-3　校本培训网络申报审批

三、培训学员网络选课参训

1. 培训"菜单"自主选课

县级培训机构或者学校校本培训职能部门在充分调研的基础上尽早规

划培训项目，经过前期培训方案的策划准备，及时在教师培训学分信息管理平台上公示培训"菜单"，教师可以根据自己的实际情况自主选择感兴趣的培训项目，真正实现各取所需的"自助餐"式培训模式。培训机构审核通过后，学员便可按时参加培训。培训申报过程公开透明，尽量减少行政干预，确保培训实效。管理部门根据教师申报培训情况进行宏观调控。

2. 培训档案智能管理

为了避免出现"喜欢学习的人多培训，不喜欢学习的人少培训或者不培训"的无序状态，要充分发挥大数据的优势，利用中小学教师信息管理平台建立培训管理数据库。建立每个教师的培训学习电子档案，科学安排教师轮流参训，完成国家规定的每个教师 5 年周期内 120 学分的全员培训任务。数据库详实记录每个教师培训时间、培训地点、培训学时、培训效果等，做到一清二楚、条分缕析，可随时提供调阅和查询。系统可以自动统计每个教师的培训任务完成情况，每期推送培训完成情况统计报表给教师，对没完成培训任务的教师提供提醒服务，敦促教师按时参加培训；通过智能化管理，杜绝多培、少培、不培的现象发生，做到培训机会均等化。

网络协同办公统筹协调整体推进培训项目管理的策略，确保培训机构的组织有序，忙而不乱；同时也最大程度地保证培训学员的自主灵活、可选择性，避免传统培训组织的行政化，提高培训的有效性和针对性。

第二节　实施过程管理

利用大数据云平台，"线上线下"联动抓实培训过程的策略。

该策略是指将信息技术和网络工具贯穿运用到网络上（简称"线上"）的远程培训、网络下（简称"线下"）集中培训的全过程，把培训的软硬环境功能发挥到极致，让培训管理更加便捷高效，学员学习更方便的策略。这种策略既能实现培训者、学员之间的网络实时互动交流，也能实现培训各个环节生成的数据和资源实时上传云端存储，还能实现大数据分析培训相关的各类数据，以便更好地为培训服务。

一、"线下"集中培训的网络化管理

1. 扫码签到，便捷考勤

为了解决培训开班前学员签到容易出现拥堵、冒名代签等问题，管理者可将签到表册数据化发布到具有相关功能的网络平台。如借助"问卷星""问卷网""师训宝""研修宝"等平台，便捷生成签到二维码，学员通过手机扫码填写报名回执，主办方从后台及时获取参会情况报表。每天的培训考勤，学员均可通过扫码签到签退，通过设置手机号码校验或者限定地理位置，杜绝学员代签代学等问题。例如，在云阳教师进修学院组织的全县教育系统党组织书记培训中，由于学员身份特殊，大多数学员为学校一把手，事务繁忙，容易出现因各种事务请假、早退等现象。尤其是市属重点高中书记、校长一肩挑，行政级别高，工作更忙，培训更难管理。培训机构全程采取信息化手段管理培训，用信息化手段捆绑培训班制度，再用培训班制度管理学员，收到了良好的效果。扫码签到，大屏幕实时呈现签到情况，系统公平公正记录，杜绝了人情因素，几天培训下来没有早退、旷课现象，实现"人管人"到"网管人"的变革。

2. 平台直播，分身有术

搭建培训直播课堂平台，本着资源共建共享理念，实现个人、学校、区域多方资源互联互通，异地同步观看，将培训效益最大化。把培训专题延伸至网络，要求授课教师开课前要做充分准备，授课教师在课程的构思与实施中要充分考虑课程的可复制性、传递性、发散性。因此，网上直播教学有利于把"点"做实、把"线"做粗、把"面"做大。通过直播平台开展培训，授课的同时系统自动录制培训内容和过程，并自动发布到课程资源平台，可供错过培训机会的教师重新观看学习，也可通过课程导航挑选喜爱的课程随时学习。学习结束后，学员可通过"发表评论、量表评论、打点评价"功能对课程进行综合评价反馈，师生互动交流。例如，在"国培计划（2017）"——云阳县乡村教师网络研修与校本研修整合培训项目集中培训中，培训学员多达600人，而县内没有一次能容纳600人的培训场地。云阳教师进修学院在组织培训过程中，凭借直播教学平台，一个主会场两个分会场同步进行，实现了领导出席开班典礼和培训者集中授课的"分身术"。

3. 论坛互动，思维可视化

为避免论坛交流中不能快速生成培训资源和不能及时呈现成果信息，课题组在组织论坛活动中，借助 UMU 互动学习平台提供的丰富而灵活的互动功能，激发学员相互交流，实现学员论坛的成果及时汇总与现场分享。主办方预先在 UMU 系统中设置互动主题，发布互动活动，生成主页二维码。在主题正式研讨中，学员扫码进入研讨页面，填写个人观点，提交观点后，还可浏览他人的观点，且能对他人观点进行点赞或评价。网络环境下的大屏幕实时呈现经系统分析后的数据，出现频率高的关键词、关注度高的问题跃然屏幕之上，这是头脑风暴网络化的具体应用。例如，在"云阳县 2017 年初中历史教师培训"论坛活动中，主办方借助 UMU 平台设置了互动主题"我的历史课堂教学问题"课程。学员通过扫描二维码进入论坛主页，发表自己的问题或观点。UMU 系统大屏幕呈现频率较高的关键词"积极性""阅读理解""资源""调动"等，系统自动统计并分析出了参训教师在历史教学中的集中性问题，如图 2-4 所示。在网络环境下头脑风暴式的研讨中，每位学员都积极发表自己的观点，充分挖掘了学员的潜力，激发了学员的思维，促进了思维可视化，生成了鲜活的培训资源。

图 2-4　互动学习平台思维可视化

4. 随机点名，任务驱动

一堂完整的培训课除了培训者讲授外，培训组织者还应做好培训的开场与收场。首先，培训前的热身活动。为了营造一个良好的学习氛围，培训班管理者或班干部常在课前组织学员开展 5 分钟左右的课前活动。为了给每位学员提供公平的展示机会，在党组织书记培训课前活动中，由师训宝"互动点名"功能随机抽取班上 1 名学员承担课前活动的组织任务，如图 2-5 所示。由此，每名学员不得不提前准备，因为谁都有被抽中的可能，结果出乎意料，课前活动异彩纷呈，大家情绪高涨。其次，培训后的感悟分享。培训者授课完毕，仍然可以采取随机抽取的办法抽取1~2 名学员分享学习感悟，学员为了最

图 2-5　网络平台随机点名

55

后一刻的精彩分享，无不专心听讲，促进了学员积极主动学习，成效显著。

5. 线上考核，精准摸底

常规培训中的过程性考核与终结性考试的阅卷工作由于过程繁琐、效率低下，往往流于形式。培训利用问卷星平台、UMU互动学习平台、小蚂蚁平台等工具开展线上考核考试，可将考核考试落到实处。云阳教师进修学院在培训中借助"千校共建教育云"小蚂蚁移动教学平台，将考核试题发布到"小蚂蚁"平台上，学员线上答题，培训者线上批阅与系统自动批改相结合，平台自动统计与分析，立即得到所有学员的考试成绩，实现了培训机构对学员学习情况快速精准摸底。

6. 掌上调查，及时反馈

一期培训结束后，培训管理者往往会组织学员进行满意度调查来了解培训效果，以纸质为载体的反馈表数据统计难、效率低，一些机构往往因为工作量大只调查不统计导致调查流于形式，在网络环境下借助问卷星等平台工具进行问卷调查与统计，可以很好地解决这一问题。我们在每期培训结束后，借助"问卷星"平台的问题发放、收集、统计功能，学员扫码完成培训满意度测评，当场呈现评价结果，并对培训效果进行客观分析，对不断提升培训质量起到极大的推动作用。

7. 结业短片，回顾精彩

培训结业典礼是中高端培训不可缺少的环节。为避免结业典礼形式呆板、内容枯燥，典礼中应进行有声有色的培训总结。主办方把培训过程中的影像资料做成培训结业短片，以微视频的形式分享到班级圈，让学员随时回顾培训中的精彩画面、精华内容、经典语录，给培训画上一个圆满的句号。

8. 美文美篇，实时宣传

培训工作宣传通常以培训简报为载体，既是对培训工作的小结，又是各级主管领导必须掌握的讯息，也是同行交流的方式。传统的纸质简报存在传播速度慢、分享范围窄等问题，而采用"美篇"制作图文并茂、有声有色的多媒体电子简报，具有传播速度快、分享范围广的显著优势，吸引力大大增强。

灵活采用各种网络平台和技术工具，运用信息技术手段智能化分析生成培训过程中产生的各类数据，便于发扬优点、克服不足，及时改进培训的策略和手段，更加有效地控制培训质量。

二、"线上"网络培训的有效性管理

网络培训是"互联网＋"在培训领域中的应用，培训者和学员利用网络开展远程培训活动，学员主动观课学习，主动与"工作坊"坊内的组员合作探究、自主作业。可见，远程学习靠的是自律，这种培训方式让自律的教师更优秀，缺乏自律意识的教师的培训效果则会大打折扣。网络培训在我国教师培训中做出了重大贡献，"国培计划"曾完成了90万名农村义务教育学校骨干教师和高中课改学科骨干教师培训任务，现在的教师公需科目培训以及风靡全球的MOOCS都属于此类培训。网络培训有明显的优势。比如，可以突破时空限制扩大培训规模，让更多的人享受到优秀教育资源；可以降低培训成本；等等。但如何提高网络培训的真实性、有效性，也值得研究。部分教师远程学习存在诸多问题：有的学习上投机取巧、敷衍塞责，提交作业、发帖时随便复制人家的成果应付了事；有的在学习中请人代学，"偷梁换柱"；有的出工不出力，把挣学分当作任务，如在播放视频时干与学习无关的其他事情等。面对网络培训的症结，云阳教师进修学院结合地方实际情况，从"管""学""评"三个方面着力，有效提高了网络培训学习真实有效性。

1. "管"，构建三维互补的管理平台

在网络培训管理中，要以系统的思维统筹要素，以联动的策略互补管理，构建以"资源主打、区域支撑、学校支持"三维互补的系统管理平台（如图2－6）。

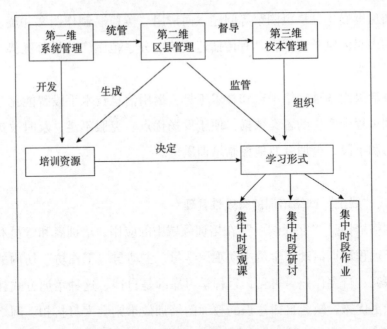

图2-6 "管学评"三维互补管理平台

（1）优化网络研修管理系统。网络研修管理系统是教师远程学习的中心平台，课程资源是网络研修管理系统的核心部分，因此优化课程资源是重点，但要促进网培的顺利推进，优化系统管理功能是关键。一要避免学员"软学习"。在学员观课的过程中，应摒弃像"1＋1＝"的简单问题，应设置与观课内容相关的问题，吸引学员专注学习。二要杜绝出现作业"搬运工"。系统设置自动"查重"功能，杜绝学员提交作业复制抄袭他人成果。三要限定作业答题范围，避免空谈。四要避免学员突击式学习。网络培训时长一般为1～3个月，部分学员到了培训中后期才登录观课，这样，网上主题交流活动就没有太大意义，赶出来的作业质量不高。在每个学习阶段的观课、活动、作业三个环节中，应进行阶段性控时，学员错过了重要阶段就只能重修。五要防止代学替考。注册时采用身份证配合人脸识别技术，在培训过程中系统终端进行实时刷脸，结业证上的头像以刷脸照片为准。

（2）依托区县辅助过程管理。提供网络培训课程资源的公司不要单打独斗，任务搞一肩挑。资源公司离学员较远，鞭长莫及；而区县教师进修院校与当地各中小学校较近，联络更紧密，督导更便捷。网络培训管理应充分依托区县教师进修院校进行网络培训的过程管理，并对学员学习实践进行跟踪指导。尤其是在对作业的批阅上，系统只负责计量，区县坊主或学科指导教师要负责评质，让网络培训走向真培训。

（3）推行校本集中远程混合研修模式。以学校为单位开展相对集中观课、集中研讨、集中作业，即校本集中远程研修，不但可以防止学员学习偷懒，还可以让同校同学科教师对培训内容产生共鸣，还可以将虚拟空间中的交流与有形真实交流相结合，把"放羊式"的网络培训改进为"远程集中混合式"的远程研修，真正把网络培训落到实处。

2. "学"，营造无"网"不胜的培训氛围

通过各种途径形成浓厚的培训氛围，方能收到预期的培训效益。一是各级领导要重视网培项目。执行力来自于领导的重视力，领导重视度越高，培训推进越有力。二是参训学员要明确学习任务。明确了任务，就有了方向和动力。网络培训往往在开班一段时间后，部分学员仍迟迟不登录学习。因此，在启动培训前，让学员明确学习任务以及届时达成的学习目标至关重要。三是要定时定点集中启动培训。网络培训项目的启动不能单纯地凭一个文件发号施令，要定时定点集中启动培训才能助推网络培训的开展。要引导教师转变学习观念，要主动积极地在虚拟社区无形空间中参与论坛活动，进行坊内思维碰撞，以此增强学员学习内驱力，同时也进一步营造网络培训的氛围。

3. "评"，变革机械呆板的评价方式

某远程培训的评价从个人研修计划、课程学习、线上活动、课堂应用、线下活动等维度进行评价，要求比较详细。

从表2-1《学员学习考核》中看出：目前的网络培训评价是机械呆板的，观课计时间，作业计篇数，活动计次数。而有效的评价是作业要从机械的量化评价转到内容的质量评价上来，因此务必变革考试评价方式。

表 2 - 1　学员学习评价表

考核维度	阶段	自我管理：提交个人研修计划（7分）	平台学习，课程学习（1分/30分钟，满分20分）	线上活动（3分/次）	发起问答（1分/次）	课堂应用：实践作业（40分）		线下活动（10分）
任务考核（100分）	阶段一	1篇7分	90分钟3分	1次	8次	1篇9分	自荐1篇计4分	参加线下校本（区域）研修活动每学期1次以上
	阶段二	——	120分钟4分	1次		1篇9分		
	阶段三	——	150分钟5分	1次		1篇9分		
	阶段四	——	120分钟4分	1次		1篇9分		
	阶段五	——	120分钟4分	1次		1篇9分		

　　首先，实行阶段性评价。阶段性评价有利于防止学员突击式学习。把网络培训划分成多个时间段来评价，倒逼学员在无形的空间中学习时间相对集中，也有利于促进坊内学员在活动环节中互动交流。其次，随机间歇性评价。间歇性评价有利于防止学员身在曹营心在汉的"软学习"。采取不定时评价，观课中间歇式的问答不能过于简单，且所设问题应与观课内容密切相关，甚至可以介入循序渐进冲关式的评价，促进厌学教师真学习。再者，侧重作业"质"上的评价。聘请指导教师逐一批改大作业，防止"空城计"。尤其是培训活动中的大作业，坊主或指导教师要一一检查评估。最后，重视考试评价环节。传统培训几乎没有考试，网络培训也是重"量"上的评价，轻"质"上的考试。只有少数的网络培训结束后会进行在线答题环节，可又以客观题居多，并且答题者不一定是学员本人。所以，网络培训既要组织考试，又要监督好考试，要把线上分散评价与线下集中考试结合起来，真正实现以考促学。这样，在提高学员认识程度的基础上，借助科学的管学评价体系，形成自上而下的链条式管理机制，学员远程学习才会真实有效，网络培训才会得到持续健康发展。

第三节　课程资源管理

构建"点线面"结合的"指尖"上的网络研修模式，促进教师专业发展的策略。

该策略是指充分利用信息技术手段，开发针对手机、平板电脑、电脑等多种接收终端的网络研修社区平台，本着共建共享的原则，汇集优秀培训资源，创新实施可以在网络环境下随时随地开展中小学教师研修活动、提高教师专业能力的一种模式。开展网络社区研修活动，教师既可以集中时段系统性学习，也可以随时随地拿出手机、平板电脑等智能终端，利用碎片化时间学习，因而可称为"指尖"上的网络研修模式。这种研修模式突破了时间和空间的限制，让教师可以按照自己的工作实际自由灵活参与，可以更大程度地激发学习动机。尽管每个教师的实践经验、认知方式、教学风格、科研能力等都存在差异，但每个教师可以利用各自的优势，相互依赖、相互协作，取长补短，共同完成预设的学习目标，共同促进自身专业成长。网络研修力求改变教师在研修中的被动地位，让教师们主动参与研修内容的选择、研修活动的设计、实施和评价，增强教师参与网络研修的动力。有效利用网络研修社区为教师营造一种开放、宽松和相互尊重的网络研修环境，从而有助于提高教师参与研修活动的积极性，使教师们能够在相互促进、相互影响的人际关系中共同学习。

一、从"面"上着手，构建跨区县网络研修社区

在网络高度发达的时代，教师专业发展可以通过网络研修社区，突破时空的界限进行沟通和交流。云阳教师进修学院作为渝东北教师发展共同体常务理事主任委员单位，牵头搭建了渝东北教师发展共同体网络研修社区。该社区包括渝东北万州区、开州区、梁平区、云阳县、垫江县、忠

县、石柱县、奉节县、巫山县、巫溪县、城口县、丰都县12个区县从事教师教育科学研究与实践的社会组织、企事业单位和培训机构，其核心成员任取自从事中小学教师培训工作的各区县教师进修院校。渝东北教师发展共同体研修社区是共同体各成员单位教师专业发展平台、信息交流平台、成果分享平台和教师优秀作品展示平台。

渝东北教师发展共同体网络研修社区扎实开展"线上线下"相结合的教师研修活动。一是建立共同体、区县、学校三级社区联动机制，逐级推荐展示教师研修信息。二是开通专家在线咨询服务，构建教师发展共同体培训专家库。将经过遴选的专家信息（研究方向、主讲专题、内容要点等）放在研修社区平台"专家风采"栏目，供区域内教师培训机构聘用选择，以弥补本区县培训师资的不足。三是精品资源展示。各区县教师培训机构利用各自的学科专长和师资优势，采取错位开发、协同发展的形式，集中打造一门或几门有特色的培训课程，将培训特色课程专题、教学资源（"微课""课例"等）、教研资源（论文、案例等）、研修资源（论文、案例等）放到研修社区平台的"精品资源"栏目，为区域内培训机构和教师提供可自主选择的培训菜单。渝东北网络研修社区有效促进数万名教师之间的交流和融合，拓展了共同体辐射引领的广度和深度。

二、以项目为"线"，搭建培训班级网络研修社区

教师培训中，利用研修工具平台"师训宝""研修宝"等搭建网络研修社区，各类人员可以随时从手机掌控研修动态。培训机构项目负责人可以随时随地跟进项目进度，了解班级到课情况，项目可视化报表一目了然。班主任可以利用平台上传课程资源、组织学员扫码签到、发布通知公告、发布投票问卷、组织主题讨论，所有的课程资源及班级管理工作轻松搞定。授课专家可以用手机 App 进行课前调研、课上交流、随机点名、投票问答。丰富的教学工具，让课堂教学互动性强，趣味十足。学员可以随

时随地用手机 App 查看通知、提交作业、拍照上墙、课堂评价留言、交流讨论、查看学习积分。这种以培训项目为单位组建的网络社区，即使培训的物理班级解散，但平台依旧存在，大家回到各自岗位仍然可以继续在平台上浏览资源，反刍探讨，把学习引向深入。

三、从"点"上着力，利用个人网络空间聚集志同道合的教师开展网络研修

在移动互联网新媒体时代，"微信公众号""博客"是备受青睐的新事物。因具有满足个性化需求、移动式学习、互动式参与、精准化推送等功能，一些有思想、有教育情怀的教育人开始涉足"博客""微信公众号"，用以发布自己的教育思想、教学主张和研究成果。"博客""微信公众号"实质上是教师以个人为中心建立起来的网络研修社区，其主人一般是有思想、有建树、专业影响力深远的公众人物。"物以群分，人以类聚。"当一个教师建立起了一个优质的"博客""微信公众号"等个人网络空间后，就可以与志同道合的同行相互关注，互学互访，深入探讨教育问题，分享教学成果。大家的研修活动具有自主性和自发性，所以"博客""微信公众号"具有较强的黏合力和稳定性。

个人网络空间可以很好地实现网络研修学习。一是群发推送信息。向用户推送信息，群发文字、图片、语音、视频等类别的内容，并且可以通过后台的用户分组和地域控制，实现精准地消息推送。在移动学习中，订阅推送模式可以用于教学中课程信息和学习内容的发布，并可以支持学习者进行泛在环境下的自主学习。二是自动回复咨询。公众平台的自动回复提供了学习内容的按需检索。这种基于关键字的内容检索方便了用户的信息查询和使用，可以设计信息导航与检索，自动解答学习者常见问题，对学习内容等进行分类响应等。三是自定义菜单导航。可以创建自定义菜单，设置友好的导航栏，引导用户通过点击菜单项获取想要的信息。四是获取统计数据。微信公众号有强大的后台数据统计功能，包括用户分析、图文分析、消息分析和接口调用分析。这些功能，有助于主人分析掌握学

习者、培训资源等各方面的信息，以便提供更加优质的服务。例如，重庆市信息技术教育名师罗化瑜开通"罗化瑜名师工作室"公众号，课题负责人曾月光开通"月光信息技术工作坊"公众号，吸引不少粉丝长期关注，有力地推动了研究成果的交流和分享，为教师培养和培训做出了积极贡献。

第四节　人力资源管理

基于网络平台综合考核评价，激励人力资源发挥最大效益的策略。

该策略是指充分利用网络平台，将与培训相关的人力资源（学员、培训专家、班主任等）都集中整合到网络平台上进行管理，大数据全程记录大家的学习、工作过程及效果；平台根据工作目标考核要求，自动量化考核各项评价指标得出各类人员的考核得分，从而最大程度地调动各类人员参与培训工作的积极性，保证取得培训最佳效果，发挥培训最大效益。

一、培训学员学情考核评价

网络平台具有强大的数据处理能力，能记录学员培训过程资料和成果，学员在平台的所有学习活动如观课学习、完成作业、发帖、参与讨论都会被系统自动记录并进行积分考核，班主任也可对学员在培训中的出色表现进行手动加分奖励。平台具有自动统计汇总生成报表的功能，学员和班主任都可以随时查看积分，从而实现对培训过程的有效监管和控制。培训结业的时候，班主任可以导出学员积分统计表，以此作为学员是否结业和评选优秀学员的依据。班主任可以利用自动打印证书功能，轻松打印结业证书或优秀学员证书，省时省力，事半功倍。

二、培训师资绩效考核评价

一般的培训机构只注重对学员的考核评价，而忽视对培训师资（如授

课专家、培训管理者）的考核评价，因为这是一件难以操作的事情。从多
个维度设计满意度调查问卷，结合学员培训中、培训后的行为和表现，利
用大数据分析技术为培训师资考核提供强有力的数据支撑。事先与拟聘专
家签订绩效考核合同，约定培训师在接收学员满意度考核时，如果学员满
意度低于60%，则按标准的60%给付讲义费；如果学员满意度在60% ~
80%，则按标准的80%给付讲义费；如果学员满意度高于80%，则全额给
付讲义费。通过对专家绩效考核的约束机制，激励专家本着高度负责的态
度，积极认真准备，按质保量完成培训任务，杜绝敷衍塞责"走穴"。同
样，也可对培训管理人员采取类似的管理办法，提高工作人员的责任心，
提高培训的质量和效果。

第三章

03

红色思考帽：社团与活动

红色代表情绪与情感
戴上红色思考帽
人们可以表现自己的情绪
还可以表达
直觉、感受、预感等方面的看法

砥砺行果硕，今又奏新章。
初心不忘，社团活动为谁航。
前辈峥嵘岁月，赢得少年高唱，
发展路艰长。

争几多奖项，奋发尚科创。
科学兴，技术逐，少年狂。
全民奔富，科技兴国筑铜墙。
社团活动祥瑞，华夏复兴即望，
教育有方向。
时代推前耀，特色写辉煌。

本章是在智慧教育环境下基于"互联网＋"的学生社团活动对中学生创新能力培养策略研究。要求教师转变陈旧的教学观念，使教育教学从以教师为中心向以学生为中心转变，学生社团便是一个最好的平台，因为学生社团就是一个以学生为主、教师为辅，意在更好地为学生学习服务的平台，为学生活动提供基于互联网大数据的智慧教学，培养学生发现并提出问题的能力，引导他们自主学习，积极思考。培养学生的科技创新能力和创新精神是一项系统工程，本课题是以"互联网＋"的环境为依托，以学生科技社团活动为形式，以促学生自主学习、探究学习为核心，以培养学生创新能力为目的，以探究和发现学生培训策略为成果，探索新课程改革下的学生个性化、全面化发展的新途径与方法。

第一节　为什么要开展"互联网＋"的学生社团活动

实现中国梦必须弘扬以改革创新为核心的时代精神。作为时代精神的重要内涵，创新是中国梦实现与飞翔的重要一翼。习近平2013年5月4日在同各界优秀青年代表座谈时的讲话中指出："创新是民族进步的灵魂，是一个国家兴旺发达的不竭源泉，也是中华民族最深沉的民族禀赋，正所谓'苟日新，日日新，又日新'。"中华民族创新的禀赋集中体现在青年身上，广大青年是这个时代最有活力、最具创造性的群体，在青年身上，涌动着创新的梦想、创新的冲劲、创新的勇气。中国进入"大众创业、万众创新"的新时代，加强和改善学习攸关创新创业的得失成败。学习是一切创新创业的基石，是个人、组织、社会进步的阶梯。如今，学习型组织、学习型政党和学习型国家的建设实践正在流行起来。

智慧教育是信息技术与教育发展高度融合而产生的新型教育模式，代表了未来教育的发展与改革方向。智慧学校、智慧图书馆等智慧环境的不断建设与完善，为实现数字化学习向智慧学习的转变提供了可能。智慧教育浪潮推动下的学习方式转变的必然趋势，是在物联网、云计算、大数据、泛在网络等新一代信息技术推动下能力观、知识观和学习观的转变。

本课题是在智慧教育环境下基于"互联网＋"的学生社团活动对中学生创新能力培养策略的研究。

智慧教育在于转变观念，改革陈旧的教学模式，增强教师的创新意识，培养学生的创新能力。教师的教学观念决定了课堂的教学设计和组织，影响支配着教师的教学行为。在传统的教学中，教师教什么学生学什么。教学只重结果，不重过程；重知识的传授和积累，轻能力的培养；等等。这些极大地阻碍了学生的抽象思维，抑制学生的创新激情。因此，要培养学生的创新精神和创新能力，就必须要求教师转变陈旧的教学观念，使教育教学从以教师为中心向以学生为中心转变。为学生活动提供基于互联网大数据的智慧教育，意在培养学生发现并提出问题的能力，引导他们自主学习、积极思考。

培养学生的科技创新能力和创新精神是一项系统工程，教师在智慧教育的环境下能给予学生个性化的创新思想的指导，通过学习共同体的构建，培养学生包括思维能力、创新能力、实践能力的发展，开启学生的心智，启迪学生的智慧，促进学生的成长。

一、现实意义

教育信息化语境中的"智慧教育"最早是受"智慧地球"（Smart Planet）概念的启发而延伸过来的。国际商业机器公司（IBM）倡导的"智慧地球"是应用物联网、移动通信、智能分析等新一代信息技术，促进世界更全面地互联互通，改变政府、企业和人类的生产、协作与管理方式，让所有事物、流程、运行方式都实现更深入的智能化，最终让人类能够更透彻地感应和度量世界的本质和变化。智慧教育的本意也是应用新一代信息技术，变革今天依然停留在工业时代的"教学工厂"式的学校教育，提升教育系统的效率和智能化程度，为信息社会培养适应时代发展的人才。随着教育信息化的发展，不同国家、不同研究团体也将赋予智慧教育不同的内涵，它最终将是信息时代教育发展的一种形态，是未来教育的常态。但目前在智慧教育环境下进行中小学学生创新能力培养研究甚少。2004 年我国高中新课程改革拉开序幕，这次改革的核心任务是推动传统课堂教学的改革，让学生能够积极主动地参与到教学活动中来，形成"多维互动"的教学氛围，从而使学生的创新潜能得到充分的发挥。社团活动的学习模式作为学习理论和学习实践的中介，是构建自主学习的全新平台，而学生通过社团活动自主学习、合作学习、探究学习为学生成为真正的学习主体提供了新的思路与方法。

学生社团是志向、兴趣、爱好相同的学生自发组织起来的群众性组织，是中学的第二课堂不可缺少的组成部份，是学生培养兴趣爱好，张扬个性，扩大求知领域，陶冶思想情操，展示才华、智慧的广阔舞台。学生社团既是中学校园文化的重要载体，也是共青团工作延伸的重要载体。深入做好学生社团工作，以互联网为载体，通过多形式的互联网平台，对全面贯彻《全民科学素质行动计划纲要》，促进学生健康成长和全面推进素质教育具有十分重要的现实意义。

二、社会价值

我们选择研究"互联网＋"的学生社团活动对中学生创新能力培养的策略，以希望找到一种有效的策略能够以"互联网＋"的环境为依托，以学生科技社团活动为形式，以促学生自主学习、探究学习为核心，以培养学生创新能力为目的，以探究和发现学生培训策略为成果，探索新课程改革下的学生个性化、全面化发展的新途径与方法，更好地为学习的主体——学生服务，让学生快乐学习，以及快乐成长。

第二节 相关理论基础

一、主体教育理论

根据社会发展的需要和教育现代化的要求，主体教育理论认为，学生不仅仅是学习、认知和发展的主体，还是自我教育、自我发展和社会历史活动的主体，在他们身上蕴藏着丰富的学习和发展潜能。教育的作用就在于根据学生学习的客观规律，引导学生通过积极思考和独立活动，把人类的认识成果转化为学生的知识财富、智力和才能，转化为他们的思想观点，使学生具有合理的知识结构、智力结构和方法结构。从这个意义上讲，教育在本质上是对个体主体性的培养过程，是一种主体性教育。

与学生作为"学"的主体相对应，教师作为"教"的主体，在教学过程中必须要确立学生的主体地位，让学生成为学习的主人，教师要发挥和培养学生的自主性、能动性和创造性。在教学过程中，两种主体持续地交互作用，形成"学习共同体"。

从主体性教育角度来讲，"慕课"作为一种新的学习方式，充分体现了学生作为"学"的主体地位，符合社会发展的需求以及现代教育的发展要求，强调学生在教师创设的情境中，通过自主探索、合作交流达到自主建构和自主发展的教学效果。

二、认知—发现学习理论

认知—发现学习理论由美国心理学家、教育学家布鲁纳极力倡导。布鲁纳认为学习的实质就是主动地形成认知结构。他认为的教学的基本原理主要有三点：第一，教学应使学生自愿学习，并在学习的过程当中形成学习能力与经验；第二，教学必须是结构化的，也就是说要按螺旋型方式组织教材，以方便学生对知识的认知；第三，教学设计必须有利于学生对知识外推，以弥补新旧知识之间的缝隙，形成完整的认知体系。

任何一门学科知识都有一定的知识结构，学习就是掌握学科的知识结构，获得一套概况的基本思想和原理。他主张通过"提出问题—观察、分析、解决问题—总结归纳"这样的形式，让学生经历一个"发现"的过程。这样，不仅调动了学生积极的参与性，而且也在"发现"探究解决过程中培养了学生的思维能力和创造能力。

社团活动使学生有自主学习的机会，发现学习当中的问题，并能够培养学生提出问题的能力，从而进行分析问题、解决问题，最后进行总结归纳。恰恰是这样的一个学习使学生经历一个"认知—发现"的过程，有助于培养学生的思维能力与创造能力，掌握学科的知识结构。

三、心理学理论

1. 多元智能理论

加德纳的多元智能理论被誉为"素质教育的最好诠释"，它与建构主义理论共同构成了我国新课程改革的强大理论支柱。多元智能理论强调人的智能的多元化，它认为："人类有七种主要的智能，即语言智能、数学逻辑智能、音乐智能、身体运动智能、空间智能、人际关系智能和自我认识智能，并认为个体所具备的智能只有优势之别，并无优劣之分。每个人都有自己的智能长项，每个人都可以通过生活来展示自己的聪明才智。"该理论拓展了以往我们对智力范畴的认识，认识到智能的丰富多彩。这为"互联网＋"的学生社团活动在更大范围内发展更多学生的才智提供了理论依据和实践操作模式。"互联网＋"的学生社团活动宗旨就是要通过课堂开发学生的多种智能并帮助他们发现适合其智能特点的职业和爱好。

2. 学习动机理论

心理学家把学习动机分为内部学习动机和外部学习动机。内部学习动机是由学生对学习的兴趣、对知识的渴望而引发的；外部学习动机是由奖励、表扬等外在的因素引发的。受两种不同动机的影响，学生的学习行为和结果截然不同。拥有内部学习动机的学生在行为上会表现出强烈的好奇心、求知欲和持久的学习力，把学习作为发展自我的内在需求。虽然内部动机支配下的学习行为会更持久和有效，但外部动机对学习也有其不可忽视的作用。作为一种外驱力，外部学习动机也能有效地影响学生的学习行为，只是其更易受外在因素的干扰。要构建"互联网＋"的学生社团活动，前提就是要激发学生创新的内在动力。因此，教师必须努力激发学生的内部学习动机，激发学生创新的热情，培养学生自主学习的意识和终身学习的理念。

第三节　"互联网＋"与创新能力

一、"互联网＋"

当前，社会研究对"互联网＋"一词尚没有直接、明确的解释，都是在阐述"互联网＋"的意义。

2015年3月5日十二届全国人大三次会议上，李克强总理在政府工作报告中首次提出"互联网＋"行动计划。"互联网＋"行动计划将重点促进以云计算、物联网、大数据为代表的新一代信息技术与现代制造业、生产性服务业等的融合创新，发展壮大新兴业态，打造新的产业增长点，为大众创业、万众创新提供环境，为产业智能化提供支撑，增强新的经济发展动力，促进国民经济提质增效升级。

对于中国教育领域，"互联网＋"在中国的迅猛发展，意味着教育内容的持续更新、教育样式的不断变化、教育评价的日益多元，一言以蔽之，中国教育正进入到一场基于信息技术的更伟大的变革中。

二、创新能力

我国上千年的教育发展史，闪烁着一些简单而朴素的创新能力培养的思想和方法。例如，两千多年前，老子就在《道德经》中提出"天下万物生于有，有生于无"的创造思想；孔子提出要"因材施教"及"不愤不启，不悱不发。举一隅不以三隅反，则不复也"的思想。1919年，我国著名教育家陶行知先生第一次把"创造"引入教育领域。他在《第一流教育家》一文中提出要培养具有"创造精神"和"开辟精神"的人才，认为培养学生的创新能力对国家富强和民族兴亡有重要意义。

创新是指以现有的思维模式提出有别于常规或常人思路的见解为导向，利用现有的知识和物质，在特定的环境中，本着理想化需要或为满足社会需求，而改进或创造新的事物（包括产品、方法、元素、路径、环境等），并能获得一定有益效果的行为。

创新能力是在技术和各种实践活动领域中不断提供具有经济价值、社会价值、生态价值的新思想、新理论、新方法和新发明的能力，是经济竞争的核心。当今社会的竞争，与其说是人才的竞争，不如说是人的创造力的竞争。

三、学生社团活动

学生社团是指学生为了实现会员的共同意愿和满足个人兴趣爱好的需求、自愿组成的、按照其章程开展活动的群众性学生组织。

学生社团的活动以保证完成学生的学习任务和不影响学校正常教学秩序为前提，以有益于学生的健康成长和有利于学校各项工作的进行为原则。学生社团组织和活动的目的是活跃学校的学习氛围，提高学生自己管理自己的能力，丰富学生的课余生活，突出和培养学生以兴趣为基础的个性化发展。

第四节 国内外的社团活动研究

一、国外研究现状

在国外，学生社团已经有较长的历史，英国剑桥大学和牛津大学早在19世纪就有了学生的课外活动组织。以美国为例，美国是一个崇尚组织社团的国家，各个阶层、各个教派的成年人和青少年都热心于组织和参加社会团体，其社团组织的形成可以追溯到殖民时期。最初由耶鲁大学发起一些文学社团，而后，许多以希腊文字为名的兄弟会在各个大学纷纷成立。但这些社团多偏于生活享乐，许多大学试图清除学生社团，但是收效甚微。19世纪60年代，美国各大学开始建立大学体育馆，学生社团不再局限于讨论文学，还参与体育竞技、戏剧表演等，人们逐步认识到大学教育除了课堂教学的改革外，学生社团活动对培养学生良好公民的素质大有裨益。在此期间，美国大学里出现了基督教青年会，以推广民主政治与社会改革的学生社团也陆续在各大学出现。学生政府和荣誉制度也是在此时产生的。20世纪二三十年代，杜威的实用主义教育哲学大行其道，许多人认为学术研究与课外活动双管齐下才是完整的教育，大学生社团也由重视生活享乐和人际交往，转而研究社会问题。据统计，目前美国全国性社团约有2.3万个，另有10多万个名目繁多的地方性社团。美国社团的研究开始也较早，伴随着社团的兴起与兴盛，对社团的研究也呈现出细致化、全面化、深入化的特点。如最初针对社团成员个性差异的研究来考察是否有必要发展社团，逐步发展到对社团的变迁、某一具体社团的专题研究。诸多理论使得社团地位不断上升，美国的教育部门也注意到社团的教育作用，对社团的参与者、指导教师等情况做了细致的研究。在20世纪60年代末、70年代初美国动荡复杂的社会背景下，应运而生的"学生发展理论"

（student development theory）拓展了美国高校学生社团建设的理论基础。学生发展理论是一个理论体系，研究的领域触及学生个体身心发展的各个方面，不仅讨论一般的心理问题，而且讨论认知和智力的发展、情感和态度的发展、伦理和道德的发展及具体行为的发展。

20 世纪 90 年代末，美国大学人事协会（ACPA）在一份报告中又提出了学生事务的最新、最本质的要义——学生的学习是当务之急（Student Learning Imperative），并成为指导学生事务及其管理，包括指导学生社团的新的理论基础。关于介绍国外大学生社团活动和大学生管理的书籍，如《走出象牙塔——现代大学的社会责任》《成功大学的管理之道》《现代大学论——英美德大学研究》《美国人的道德教育》《21 世纪美国高等教育》《大学的使命》《大学活动论》等，这些著作都对国外大学生社团活动有相关的介绍。对社团的研究促成了学校学生工作的制度化、规范化。在美国、日本等国家，社团在法规建设、组织建设、制度建设、运作机制等方面逐步形成完备的体系，但对科技社团探究文献很少。

二、国内研究现状

目前高校社团已经发展得十分成熟。中国共青团团中央于 2005 年 1 月 13 日下发的《关于加强和改进大学生社团工作的意见》中，明确指出"学生社团是由学生依据兴趣爱好自愿组成，按照章程自主开展活动的学生组织。高校学生社团活动是实施素质教育的重要途径和有效方式，在加强校园文化建设、提高学生综合素质、引导学生适应社会、促进学生成功就业等方面发挥着重要作用，是新形势下有效凝聚学生、开展思想政治教育的重要组织动员方式"。各省市共青团在每年的计划中也将发展社团工作作为明确的要求提出。有关社团现况、发展方向的研究也颇多，如李雪梅的《大学生社团建设研究》，对大学生社团建设的有关对策、思路和方法进行了研究。由于中学社团起步较晚，还未形成规模。许多中学也还只是把社团当作课外活动，从领导、教师到家长对社团的作用还未有深刻的认识，对中学社团的研究也处于起步阶段。主要的有南京师范大学王秀芳的《中学生社团活动对校园文化的影响》、浙江省仙居县仙居中学顾毅的《中学社团发展的思考》等。除此之外的研究内容多为教育一线老师，就目前本地区或本校社团在活动过程中遇到的常见问题提出的应急性建议和思考，对促进中学社团长期健康发展进行系统研究的理论较少。总之，相对于高校社团，对中学生社团的研究尚不成熟，该现状主要表现为：对高校关注多，对中学关注少；零散研究多，系统研究少；实践经验介绍多，理论提炼分析少。

第五节 "互联网＋"学生社团活动的现状调查

一、问卷设计

根据研究思路，设计调查问卷"关于开展中学生科技社团活动调查问卷"，共设计 18 个问题，随后，对被调查渝中区部分中学社团活动状况及其影响进行了解，以分析互联网状况下学生社团活动的差异性及发展趋势。

问卷正式发放前，开展了预调查，预调查的对象是巴蜀中学初一年至高一年的同学及教师，60 余人。随后进行了问卷的小范围信效度分析，所有参与调研的调查员对调查中遇到的问题进行了反馈和讨论，并对调查问卷做了最终的修改和完善，将调查数据录入数据库、测试完善数据库以及检验调查问卷的信度，为正式的调查做了充分的准备。

二、问卷分析

1. 样本分析

本研究覆盖了重庆市渝中区的重庆求精中学、重庆四十二中、重庆二十九中、重庆市巴蜀中学等学校的高初中社团。共发出 1500 份调查问卷，校内共发放问卷 700 份，回收后的有效问卷为 653 份，有效率为 93.3%；校外共发放问卷 800 份，回收后的有效问卷为 767 份，有效率为 95.9%。研究对象的基本特征，性别、年龄以及受教育程度构成一致，具有统计学意义。

2. 调查时间

课题组于 2016 年 12 月 29 日—2017 年 1 月 20 日，先后完成了对重庆求精中学、重庆四十二中、重庆二十九中、重庆市巴蜀中学实地抽样和全部的现场调查工作。

3. 调查方式

采用分层多级整群随机抽样法，采取沿街走访、社区调查、深入访谈、网络问卷等方式获得科技社团互联网化状况及其影响的变化情况。地点分布上包括重庆求精中学、重庆四十二中、重庆二十九中、重庆市巴蜀中学。

4. 问卷发放及样本结构分析

本次调研共发出调查问卷 1500 份，回收 1500 份，问卷回收率 100%。在甄别问卷有效与否的过程中，剔除有 3 个及以上问题未作答，以及胡乱填写的问卷。背景资料超过两项未填写的问卷亦视为废卷。最终共获得有效问卷 1420 份，有效率 94.7%。

三、问卷综合分析结果

经过问卷调查、走访调查的结果认真分析，仔细研究，我们得出一些结论。

1. 科技社团缺少必要的文化底蕴和内涵

首先，学生科技社团缺少长期规划、严格的管理制度及明确的培养目标。其次，学生科技社团文化的出发点大都在满足社团成员的兴趣爱好上，忽视了对知识和能力的需求，社团的质量、教育性、创造性等文化相对薄弱。再者，学生科技社团缺乏总体规划工作的系统性和计划的延续性，对活动的创意、培养目标、活动宗旨等没有形成系统的培养体系；再加上学校投入经费的不足、指导老师的缺乏，使得学生科技社团活动流于简单的形式，在低水平上徘徊，难以担当引领学生科技社团文化的重担。

2. 学校必须为学生科技社团引导和明确发展方向

社团的功能就是激发潜能，发挥特长，培养能力，提高学生素养。把学生社团建设成思想政治教育的重要基地和中学生综合素质的拓展时间平台，让中学生在丰富多彩、形式多样的活动中不断提高自己的文化和科技素养

3. 要大力倡导积极健康的基于"互联网＋"的中学生社团文化建设

通过演讲、竞赛、讲座等形式，利用微信、QQ、51好课网等互联网渠道对成员进行培训，提高学生科技社团管理干部和社员的整体素质。不断加强学生科技社团干部与社员的凝聚力，在学生科技社团内部形成积极、健康、向上的互联网社团文化，积极营造团结奋进、务实创新的社团文化，以人格人品、才能才华和良好的集体氛围增强社员的集体荣誉感、责任感和成就感。

第六节　"互联网＋"学生社团活动的策略构建

在对"基于'互联网＋'的学生社团活动对中学生创新能力培养"的调查问卷中，课题组分析原因、拓宽思维、大胆尝试、积极研究、勇于创新，开拓出了适合科技社团学生创新能力培养的道路，并以此为基础，发挥示范、辐射作用，统筹城乡教育，为振兴西部教育提出了如下初步策略（如图3－1）。

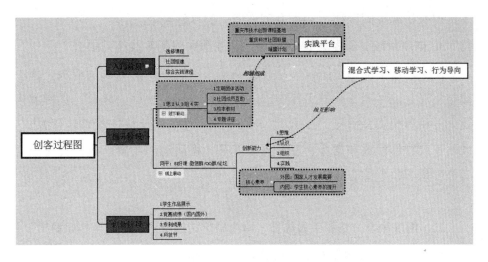

图 3 - 1　社团活动对中学生创新能力培养策略图

一、解决科技社团资源和学生规模的矛盾

1. 入门阶段，"面"上扩大：营造氛围，激发学生兴趣

针对新生对新知识的渴望以及对自身专业的憧憬，设计系列创新实践体验和创新精神培养活动，这个阶段门槛较低，大量有兴趣的新生涌入。同时，高年级学生不定期举办各种类型的软硬件基础培训，让没有基础技能的低年级同学有事做，有人带。互联网线上延续：结合实践，培养学生创新精神、创业意识；培养学生自主管理，设计课程实践并举办与学科设置相匹配的科技竞赛；培养学生的创新能力和思维。高年级有各类项目的同学主动招募并带领新生参与项目的研制与制作，使培训成一条线延续。

2. 提升阶段，"点"上深化：依托创新计划，扶持学生创新实践

在互联网线上线下，利用重庆市技术课程创新基地、重庆市创新人才培养雏鹰计划、重庆市科技社团联盟等平台，依托创新训练项目、拔尖人才计划、学生创新基金、科研团队等项目，学科和年级交叉的学生自主选题设计并进行信息分析处理等工作，同时参加各类学科竞赛，给学生创造

了培养分析解决问题能力和提升创新能力的良好氛围。

3. 创新阶段，普及与提高联动：助推学生创新实践能力提升

学生经过了前两个阶段的培养，创新实践能力得到了充分锻炼，为了让学生完全进入到实际的工作中去，我们从浅层、中层、深层三个层面构建人才培养模式，依托"多元化·多层面"的竞赛及科技成果转化模式，推动校校合作模式和竞赛、专利支撑体系，将活动和竞赛、成果转化深度融合，培养学生综合解决实际问题的能力。

二、解决教学方法和手段陈旧、学生缺乏持续专业技术指导的问题

1. 采用行动导向型教学和混合式学习方法

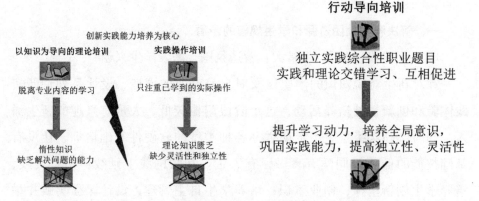

图3-2　以往教学与行动导向型教学方法对比

混合式学习的活动可分为教师活动和学生活动，或分为课堂活动、课外实践和在线交流等，混合式学习课程的教学流程是由这些活动组合成的序列。

2. 运用现代教育技术教学手段，"理虚实"一体化学习环境

"理虚实"一体化学习环境包括：理论教学与实践操作一体化、虚拟仿真和真实环境一体化、课程软件与实验硬件一体化、教学过程与教学管理一体化。打造网络化自主学习的实践教学与实践平台，建立培养创新实

践能力的载体；运用这些环境和手段，有计划、有针对性地层次化教学和混合式学习。

在有限的空间和资源条件下，充分利用和结合校园网络的优势，建立虚拟实验平台，帮助学生在电脑上应用仿真软件自己设计检测电路，利用网络实现学生和老师及时交流指导。指导学生自主学习网络教学数字资源的建设为设计培训提供了有利的学习资源保障，可有效锻炼学生设计能力的培养和学习。

三、八大实践途径提升学生核心能力

1. 创新实验室培养活动

建立创新实验室，选题方向紧密结合科技与社会发展，完善课程与教材的建设。如无人机技术、3D打印技术、物联网技术、虚拟仿真技术，乃至人工智能（AI）、云计算、大数据手段等，既满足学生个性化学习发展的需要，又有时代性与先进性。紧密结合社会难题，如环境污染、食品安全、生态保护等，鼓励学生将自己的实验设计与探讨社会难题的解决相结合，培养学生创新素质的同时，更培养学生的社会责任感。

2. "雏鹰计划"培养活动

依托市级项目"雏鹰计划"，培养青少年创新人才。"雏鹰计划"即在重庆市普通高中内选拔具有创造性潜质且学有余力的高一年级学生，让其利用实践活动课程时间和节假日，进入高校、科研院所、高科技企业的重点实验室和工程技术研究中心，按照自愿选择和老师推荐相结合的方式，进行专题课题研究。

3. 信息学奥林匹克竞赛培养活动

信息学奥赛发展至今，其特有的高标准、严要求对学生各方面能力的培养和提升是有目共睹的。信息学奥赛涉及计算机基础、计算机软件、程序设计、组合数学和运筹学、人工智能初步以及计算机应用等知识，同时要求学生有较强的编程和上机调试的实践能力。

4. 电脑作品制作与全国信息技术创新与实践活动

鼓励学生进行电脑作品制作和参加全国信息技术创新与实践活动（NOC）不仅是对学生技术学科学习结果的检测，也是培养学生综合运用各学科知识的能力。从作品的主题选择、构思、创作到最终完成是对学生实践、观察、创新等能力的考验和提升。

5. 机器人项目培养活动

开展智能机器人科技教育，既有助于培养学生的动手实践、开拓创新、勇于探索和团结协作的能力，又培养了学生的科学素质和创新意识。让学生在"玩"中找到学习的乐趣，使学生成为机器人制作活动的主体，充分发挥学生的自由想象能力和实践应用能力，能够开发学生的智力潜能。

6. 创客工作坊培养活动

打造创客工作坊，为学生提供充满活力的创客空间；鼓励学生创建物品，发明工艺，分享创意点子。以技术为基本载体，以动手做为基本要求，打破年级划分，提倡开放和分享的思想，结合设计美学，鼓励大胆尝试，迭代设计，突出个性化学习，使学生充满热情，掌控学习。

7. 科技创新培养活动

鼓励学生积极参加科技创新大赛，促使学生深入理解科学、技术与社会的相互关系，激发其对科学的兴趣，培养他们对社会的责任感，通过知识的学习、技能的掌握和活动的参与，促进其科学素质的全面提高。

8. 明天小小科学家活动计划

明天小小科学家活动是一项面向高中生开展的科技创新后备人才选拔和培养活动。该活动为爱好并具有科研潜质的学生提供了一个展示、交流和学习的平台，鼓励学生参与该活动有助于培养学生的科学道德、创新精神、实践能力，提高科学素质。很多参与该活动的学生进入高等教育大多数都积极投身自然科学研究事业。

四、线上线下联动构建新型学习共同体

基于巴蜀中学建立网络在线互动学习平台，探索"线上和线下相结合、社团联动制与网络联动制相配合"构建新型学习共同体。

1. OJ 实践平台。这是由巴蜀中学自行设计和管理的计算机程序设计在线评测与学习系统，是目前国内同类最大的中文在线题库，极大地提升了学习者的程序设计水平。该项成果已经获得由市教委评审的"第三届重庆市优秀教育技术科研成果一等奖"。

2. "MOOC"网站。巴蜀中学建立了全市功能最齐全、内容最丰富的慕课网站：51 好课网。引入资金和现代化的管理机制，让其成为专业化的在线教育平台，把优秀教学案例免费向全市分享。2017 年 7 月，以"51好课网"为核心申报的"优质教育资源共享与应用模式探索"教育部教育信息化示范项目顺利通过教育部专家验收，巴蜀中学被评为优秀试点单位。

未来，巴蜀中学可以建立"七网两库一中心"（见图 3 - 3）数字校园网群为校内校外的教育教学及社团活动服务。

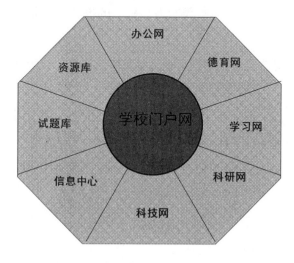

图 3 - 3　"七网两库一中心"

第七节　"互联网+"学生社团活动的
评价体系与实践平台

一、构建学生创新能力评价体系

采用巴蜀中学教学成果获奖评价系统——个性化培育模式的评价系统，该评价系统的主要思路是：以 CIPP（背景、输入、过程、结果）评价方法为指导，设计出了 8 个维度的评价标准，即课程计划的科学度、项目的适宜度、学生对知识的获取度、学生对技能的把握度、学生对项目的参与度、项目团队的合作度、项目成果的塑造度、学生的品德形成度，并在此基础上设计了 62 项二级评价指标和 5 种有学科特色的评价方法。该标准既遵循教育评价原则，又具各技术课程的特性和项目主导的特色，注重评价环节的过程性、评价目标的动态性、评价标准的多元性、评价主体的多样性、评价结果的激励、诊断和发展性，最终提升学生的以思维能力、认知能力、组织能力和实践能力为核心的创新能力培养。

二、建立战略联盟合作实践平台，完善多维社团、校校合作机制

学校与企业，学校与学校相互渗透，建立资源共享关系，"产学研"三位一体（如图3-4）。目前我们正以校办社团型、社团合作型、引团入校型、借梯登高型、定单培养型、双实双业型 6 大成熟校企、校团合作模式为基石，向校际社团深度融合，与社会团体、企业共构实践体系，共创实践平台。

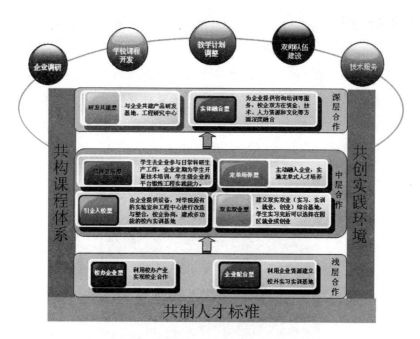

图3-4　多维校际社团、社会团体、企业合作机制

第八节　"互联网＋"学生社团活动的应用案例

校本教材案例一

小制作，大梦想

改革开放前城市只有暗黄的日光灯，少数商场闪烁着彩光。改革开放后，城市展现出另一种风姿，高楼大厦上闪烁着五颜六色的光，勾勒出楼房的轮廓，商场用灯光设计出美丽的形状。为城市增加了许多绚烂的色彩。在这些奇妙的灯光下，它是如何控制亮灭、闪烁，勾勒楼房的灯又是如何上下运动点亮？这些需要在本章一起学习和探究。

（研究方法：问题来自于同学们的真实生活，而不是别人提出的问题。）

【探究分享】

新学期开始，平昌中学初三·4班正在筹备开展综合实践活动。全班同学兴高采烈，积极思考，讨论交流自己最感兴趣的问题。任帅同学经过反复的思考，觉得自己最感兴趣、最值得研究的是制作一个流水灯。当任帅把这想法和同学交流时，立即引起了不少同学的共鸣。最终有5位同学自愿和任帅一起组成"流水灯"探究小组（如图3-5）。

图3-5　探究小组的组成要本着研究问题意向相同或相近、

志愿结合的原则

一、研究计划

研究题目：流水灯控制

（研究方法：计划要简明扼要，但也要明白具体，这样便于执行。）

流水灯通过单片机控制实现亮灭、闪烁。那么什么是单片机呢？

【试一试】请你替他们设计研究计划，然后根据后面开展的活动，比较你和他们的计划有哪些差异？并分析原因。

二、开始研究

（一）做好充分的准备

小组成员分工确定之后，接下来就各自按照分工开始行动。从什么方向入手呢？同学们都陷入了思考，任帅提出，不如我们请教实验室杨老师吧，让杨老师给我们做指导。按照杨老师的指导，首先在网上查阅关于单片机的资料，我们借助互联网查找了单片机的一些资料。

（研究方法：一个活动的内容较多，几个同学合作探究很必要，但需要适当分工才能落实。）

单片机（见图3-6）广泛应用于仪器仪表、家用电器、医用设备、航空航天、专用设备的智能化管理及过程控制等领域。比较好理解的说法就是：单片机是一种可以编程的控制芯片，它是智能产品的大脑。

图3-6　单片机

【相关链接】

单片机诞生于1971年，经历了SCM、MCU、SOC三大阶段，早期的SCM单片机都是8位或4位的，其中最成功的是intel的8051。20世纪90年代后随着消费电子产品大发展，单片机技术得到了巨大提高。随着intel i960系列特别是后来的ARM系列的广泛应用，32位单片机迅速取代16位单片机的高端地位，并且进入主流市场。

（二）单片机的发展趋势

在进行知识整理时，我们可遵循如下步骤。

首先，查询知识，可通过网络查询、专业书籍查询及询问师长等方法。

其次，将查询到的知识，如概念、材料、制作方法等按门类归纳整理，梳理好线索。

最后，根据课题需要，把归类好的知识整理成系统的结构。

【想一想】单片机的发展趋势对我们生活中的智能产品有什么影响？

1. 低功耗化

单片机使用电压在 3~6V 之间，完全适应电池工作。低功耗化的效应不仅功耗低，而且带来了产品的高可靠性、高抗干扰能力及产品的便携化。德州仪器公司（TI）的 MSP430 微控制器（MCU）就具有出色的低功耗。

2. 低电压化

几乎所有的单片机都有 WAIT、STOP 等省电运行方式。允许使用的电压范围越来越宽，一般在 3~6V 范围内。低电压供电的单片机电源下限已可达1~2V。目前 0.8V 供电的单片机已经问世。

3. 低噪声与高可靠性

为提高单片机的抗电磁干扰能力，使产品能适应恶劣的工作环境，满足电磁兼容性方面更高标准的要求，各单片厂家在单片机内部电路中都采用了新的技术措施。

4. 高性能化

主要是指进一步改进 CPU 的性能，加快指令运算的速度和提高系统控制的可靠性。采用精简指令集（RISC）结构和流水线技术，可以大幅度提高运行速度。现指令速度最高者已达 100MIPS，并加强了位处理功能、中断和定时控制功能。这类单片机的运算速度比标准的单片机高出 10 倍以上。由于这类单片机有极高的指令速度，就可以用软件模拟其 I/O 功能，由此引入了虚拟外设的新概念。

5. 小容量、低价格化

以 4 位、8 位机为中心的小容量、低价格化也是发展动向之一。

（研究方法：互联网查询也是很重要的方法。由于海量信息，输入关键词的选择就尤为重要。）

（三）单片机组成

单片机（Microcontrollers）是一种集成电路芯片，是采用超大规模集成电路技术把具有数据处理能力的中央处理器 CPU、随机存储器 RAM、只读存储器 ROM、多种 I/O 口和中断系统、定时器/计数器等功能，集成到一块硅片上构成的一个小而完善的微型计算机系统。

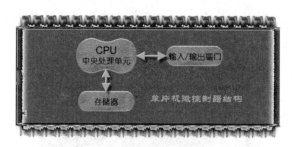

图 3-7 单片机微控制器结构

【试一试】试着与同学交流你对单片机的理解。

（四）常见单片机

1. 宏晶科技

宏晶科技是国内新一代增强型 8 位单片微型计算机标准的制定者和领导厂商，致力于提供满足中国市场需求的高性能单片机技术，在业内处于领先地位，销售网络覆盖全国。

图 3-8 宏晶科技

2. 盛群半导体

盛群半导体为台湾省专业微控制器 IC 设计领导厂商，营业范围主要包括微控制器 IC 及其周边组件的设计、研发与销售。自 1998 年成立以来，公司不断致力于新产品的研发及技术的创新，加上对市场趋势的掌握，希望能提供广大电子市场最具竞争力的 IC 产品。

（研究方法：查阅资料后，独立思考很重要。通过独立思考解决问题，找准新问题的重点。）

图 3 - 9　盛群半导体

3. Atmel 公司

Atmel 公司为全球性的业界领先企业，致力于设计和制造各类微控制器、电容式触摸解决方案、先进逻辑、混合信号、非易失性存储器和射频（RF）元件。Atmel 拥有广泛的基于 80C51 结构的微控制器。

4. 意法半导体

意法半导体（ST）集团于 1988 年 6 月成立，是由意大利的 SGS 微电子公司和法国 Thomson 半导体公司合并而成。"意法半导体"是世界最大的半导体公司之一。

图 3 – 10　意法半导体

（五）单片机的应用

单片机的应用十分广泛，在日常生活中、科学研究中都有它的身影。单片机渗透到我们生活的各个领域，广泛使用于各种智能 IC 卡，轿车的安全保障系统、录像机、摄像机、全自动洗衣机的控制，以及程控玩具、电子宠物等。下面举几个典型的应用例。

1. 时钟

单片机内部的定时器通过编程就可以做出一个时钟。用单片机控制数码管或者液晶屏就能把时间显示出来。

【试一试】小制作，大发明。通过所学的知识，制作一个炫酷的时钟。）

图 3 – 11　数码管时钟和液晶屏时钟

数码管时钟和液晶屏时钟，相信大家日常生活中都见过，不过有一种时钟估计大家就没见过了。这是 20 世纪 70 年代产自苏联的"数码管"，是网友 DIY 的。它的名字是"辉光管"。在它内部的控制芯片也是单片机。

查阅资料，你对单片机怎么理解？举例说明。

图 3 - 12　辉光管

2. 悬浮摆件

图 3 - 13 是一个悬浮的地球仪。地球仪内部的上面和下面各有一块磁铁，而地球仪上方是一块磁钢加上线圈，检测磁场强弱的霍尔传感器安装在地球仪下面的底座中。利用单片机读取霍尔传感器的数据可以检测到地球仪的高低。

图 3 - 13　悬浮地球仪

3. 四轴飞行器

四轴飞行器是微型飞行器的其中一种，也是一种智能机器人。四轴飞行器应用范围很广，由于其具有可靠的稳定性，一般可用于航拍、桥梁检测、定点巡航、搜救、侦查等。

大疆无人机通过持续的创新，致力于为无人机工业、行业用户及专业航拍应用提供性能最强、体验最佳的革命性智能飞控产品和解决方案。

图 3 – 14　四轴飞行器和大疆无人机

4. 嵌入式设备

单片机还广泛地应用在嵌入式设备中，比如，我们最常用的智能手机和平板电脑。像我们熟知的 iPhone 5 和 GALAXY S4 都是 ARM 内核。

图 3 – 15　iPhone 5

【**试一试**】调查了解一下，你的家中是否存在关于单片机的电子产品？如有，具体又有哪些？然后与同学们交流。

【**想一想**】在我们日常生活中单片机还存在于哪些设备上？

三、开始制作

（一）流水灯制作知识准备

老师听了同学们的想法，给了一个提示：首先应当了解单片机最小系统及组成部分，然后再分头对各部分进行研究制作。小组成员经过查询了解到花样流水灯由哪些部分组成（如表3-1所示）。

（研究方法：在科技制作活动中首先要了解制作对象，熟悉并掌握其工作原理。）

表3-1

花样流水灯组成	具体部件
单片机最小系统	晶振、电容、单片机
流水灯部分	LED灯、限流电阻

明确了单片机最小系统的组成结构后，同学们都非常开心。花样流水灯最重要的部分就是驱动部分——单片机，没有单片机，流水灯就不能点亮，所以单片机的制作是这次制作花样流水灯的关键。要制作花样流水灯，就必须先了解单片机最小系统的组成结构，这个重要的任务就由物理科代表拉弟组织大家来学习。

【**相关链接**】

单片机最小系统

单片机最小系统，或者称为最小应用系统，是指用最少的元件组成的单片机可以工作的系统。对51系列单片机来说，最小系统一般应该包括：单片机、电源、晶振电路、复位电路。

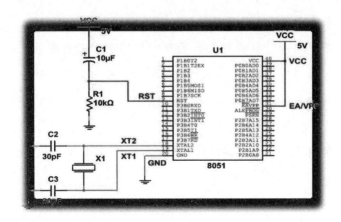

图3-16 单片机最小系统电路图

大家通过学习，明白了单片机最小系统主要由单片机、电源、晶振电路、复位电路等组成。搞清楚了这些后，成诚、小畅就去物理实验室准备制作花样流水灯的材料和工具了。

（二）花样流水灯制作工具和材料的准备

成诚、小畅去物理实验室借来工具，有尖嘴钳、美工刀；材料有电池、电池夹、导线、电阻、电容、晶振等。

【相关链接】

晶振

每个单片机系统里都有晶振，全名是晶体震荡器，在单片机系统里晶振的作用非常大，它结合单片机内部的电路，产生单片机所必须的时钟频率。单片机一切指令的执行都是建立在这个基础上的，晶振提供的时钟频率越高，单片机的运行速度也就越快。晶振的作用是为系统提供基本的时钟信号。

图3-17 晶振

（三）花样流水灯的硬件设计

小迭、小军根据已有资料找到了制作花样流水灯的图纸。一切都准备妥当后，大家都兴奋不已，迫不及待地动起手来。首先任帅快速地搭建了一个单片机最小系统。

（四）花样流水灯的软件设计

第一，装有 Keil uVision4 的集成开发环境、编程器软件、在线下载软件。

第二，在计算机中输入程序并调试，记录调试中存在的问题。

第三，在计算机中输入程序文件传送用户板，观察效果。

第四，写出操作步骤，设计流程。

【试一试】动手制作和尝试实践是综合实践活动课的宗旨和目的。在动手实践过程中，你一定在成长。

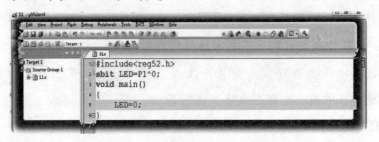

图 3－18

把程序下载到单片机里面，再合上 LED 开关，接通电源做试验，却发现 LED 灯怎么也不亮，并且没有短路现象。经过检查，单片机最小系统没有搭建错误，电路也正常，是什么原因呢？大家陷入了沉思。还是向老师求援吧！于是同学们来到杨老师的办公室，把刚做的流水灯硬件电路给老师检查，老师看过后建议同学们先自己找找原因，把可能存在的问题列举出来，同学们经过思考列举出了可能存在的问题：

（1）电流不够大，导致经过 LED 的电流很小，不足以驱动 LED 亮；

（2）LED 接反了，不能点亮 LED；

（3）LED 的驱动程序有误。

（研究方法：在实践过程中遇到困难非常正常，重要的是学会查找问题的原因，协同想办法解决问题，从而锻炼自己独立思考、团结协作的能力，必要时请教老师。）

同学们在老师的指导下，应用排除法很快就找到了问题，确实是硬件上把 LED 灯反接了，任帅把 LED 灯正确接入到电路中，LED 就亮了。

【想一想】LED 灯接反了，为什么不能亮。

（五）大功告成

花样流水灯的硬件和软件设计好之后，接上电源，LED 灯就点亮了，如图 3-19 所示，一个简单的流水灯就制作完成了。

图 3-19

（研究方法：一次成功的制作，离不开大家的共同努力，在祝贺成功时，不能忘记探究的过程。做完小制作，要对活动做个人总结，分析自己在这次活动中的不足与进步。）

【尝试实践】

在制作流水灯的过程中，单片机的最小系统及流水灯的硬件电路的制作是关键，尝试设计、制作一款自己喜欢的流水灯，请将设计图、制作步骤记录在下面。

_____

_____

_____

_____

_____

_____

_____

_____

【拓展探究】

基于单片机的时钟、电机控制、光立方等的研究。

【拓展资源】

[1] 王东峰. 单片机 C 语言应用 100 例 [M]. 北京：电子工业出版社，2009.

[2] 陈海宴. 51 单片机原理及应用 [M]. 北京：北京航空航天大学出版社，2010.

[3] 刘守义. 单片机技术基础 [M]. 西安：西安电子科技大学出版社，2007.

[4] 钟富昭. 8051 单片机典型模块设计与应用 [M]. 北京：人民邮电出版社，2007.

[5] 郭天祥. 51 单片机 C 语言教程 [M]. 北京：电子工业出版社，2009.

校本教材案例二

基于铸造工艺的加工体验教学设计

一、教学目标

1. 知识与技能

（1）知道工艺的含义和常见工艺的种类；

（2）学习翻砂铸造工艺的制作过程；

（3）能根据实际需求，合理、科学、完整地设计模具，并制作石蜡模具，能对其外观进行设计和加工。

2. 过程与方法

（1）通过自主学习，了解翻砂铸造工艺的加工工序；

（2）通过合作，探究如何利用该工艺制作产品；

（3）通过作品的制作过程，改进加工工艺，在制作中有创新。

3. 情感态度与价值观

（1）通过制作自己设计创造作品，提高学习兴趣，体验铸造加工工艺的制作乐趣；

（2）热爱设计，热爱动手进行产品制作；

（3）培养学生的人文情怀与科学素养。

二、教学重点

（1）如何根据实际的需求分析，确定模具制作的产品的设计方案；

（2）如何利用各种材料和工具来使用翻砂铸造工艺模拟制造出模具的产品。

三、教学难点

（1）翻砂铸造工艺各工序的操作要领；

（2）选择恰当的加工材料和制作工具。

四、教学构想

1. 教材分析

本课选自苏教版《技术与设计1》第七章第2节，本课内容源于教材的基础，丰富本节的工艺内容，能让同学们体验更多的加工工艺，领悟技术操作的要领和方法。本节起到了承上启下的作用，是上一节"模型"的进一步展开探究，又是下一节"模型制作"的方法准备。本节课是实践性较强的章节，立足实践是本课程的一个特色，通过这一节中大量的动手操作任务，学生可以亲历技能学习的实践过程。

根据《普通高中通用技术课程标准》的精神，技术课程强调心智技能与动作技能的结合，强调理论与实践的统一。要注重学生创造潜能的开发，加强学生实践能力的培养。所以，我在本堂课定义了两个关键词：自主学习、实践创造。

2. 学情分析

对于高二年级的学生来讲，"工艺"这个词语肯定并不陌生，但对于工业生产，学生根本没有机会实践，更不用说对工艺内涵的理解，所以讲清楚工艺内涵有一定的难度。但同学们对于名车、名牌手机这类东西比较热衷，也比较熟悉，这些名牌又为我们引入"工艺"的概念提供了很好的素材。

由于有加工工艺的学习，所以在本节课教学中，更多介绍翻砂铸造工艺的具体工序操作流程。重在体验感受，重在合作探究。通过铸造工艺的造型、熔炼石蜡、浇注、塑型等一系列的活动探究，让学生从石蜡模型中感受到技术的魅力。最终通过完成石蜡小作品让学生切实体验到"工艺要精湛"的产品理念。

3. 策略与手段

本节课采用"翻转课堂"的方式，以任务为主线，让学生在课前根据要求自主学习，了解翻砂铸造工艺，并完成反馈任务。

使用任务驱动法、自主学习法、模拟法、对比教学法、分组学习法来完成整个教学过程。

五、课前准备

材料：砂、橡皮泥、石蜡、大豆蜡、树脂。

教学器材：三脚架、酒精灯、蒸发皿、玻璃棒、细铁丝、锉刀、工艺刀、砂纸、单手锯、木质砂箱。

六、教学过程

根据这一课程的特点，我打算用"翻转课堂"的思路，把整个课程设计为"课前、课中、课后"三个环节。

1. 课前：布置自主学习任务

在课前环节，我将在教学网站上通过3个板块的内容，让学生进行自主学习，了解翻砂铸造工艺。这3个板块是：本课提要、知识学习、学习反馈。

在"了解工艺"中，我将利用视频的方式让同学以更直观的方式了解翻砂铸造工艺的流程及操作方式。

在"知识学习"板块，利用图片和文字，让学生具体了解翻砂铸造工艺的历史、应用和工序。以任务的方式引导学生自主学习解决问题。

在"学习反馈"板块，老师根据反馈调查表，可以及时通过学生对表上所列知识点的了解、掌握等情况的反馈进行分析，为课堂教学做好充分的应对准备。

2. 课中：教学过程

以完成一件作品作为任务驱动，在教师的引导下，让学生构思设计，用层层推进的子任务的形式来实现。每项子任务完成后，都给予阶段性评价。从任务的提出到任务的实现过程，让学生充分地体验各个操作细节的规范性、科学性、严谨性，以及最终形成作品的成就感。

表 3-2

教学过程	教师活动	学生活动	设计意图
课程导入（3分钟）	结合课前网站上面的工艺学习。展示一些工业产品的零部件。 提问：举例汽车哪些部件能够利用翻砂铸造工艺制作	学生可能回答很多的汽车部位，教师举出实例：60％的企业产品零部件可以用该工艺制造	学生对名车感兴趣又不陌生，用名车做为"工艺"概念的切入点，学生能很好地接受与理解
制定方案（2分钟）	解决"学习反馈"中的第三个问题。 主要问题：材料的选择有几类方案，并让同学进行这些方案的可行性分析	学生构思选材料的制作方案步骤	培养学生问题的可行性分析能力
技术试验（3分钟）	利用以前课本知识、技术试验的方法得到可行性的比较： 1. 树脂流动不好，容易固化，不便于浇注操作； 2. 石蜡熔化之后，与砂结合会融入砂中，不便于操作	学生观看技术试验，见证自己的理论分析。 熔炼材料选择：石蜡 填砂材料选择：橡皮泥	回顾以前学到的技术试验方法，培养学生规范严谨选择材料的能力
演示操作（7分钟）	演示制作：制作石蜡小榔头。利用熔炼材料石蜡和填装材料橡皮泥，以榔头为模具，进行翻砂铸造工艺的基本工序： 1. 造型（填"砂"）； 2. 浇注（熔炼石蜡）； 3. 冷却塑型检验（后期打磨）	学生通过实际观看老师的演示制作，更能熟悉掌握翻砂铸造工艺的工序、各个操作规范、动作要领和各种工具的使用方法	通过石蜡小榔头制作过程的探究，培养学生的科学质疑探究精神，设想自己能否做出其他独特自制产品

续表

教学过程		教师活动	学生活动	设计意图
实践操作 （20分钟）	模具设计 2~5分钟	结合课前学习中任务二：设计实物模型，带到课堂上来。请让同学进行分组讨论，确定模具	两种情况： 1. 之前的木工加工设计制作的模型模具； 2. 家里的玩具模型、工具等。 共同分析和讨论选出本组最合适制作的模具产品	培养学生分析问题的习惯，团队合作的精神。充分发挥想象设计并制作本组独特最优的模具
	工艺体验 15~18分钟	展示工艺的工序。 指导学生完成自己的石蜡模具设计制作。 教师巡视指导。提醒学生在使用加工工具时注意安全，要规范操作。提醒学生不随意浪费材料	模具的简单设计，主要尺寸上的设计和制作； 利用翻砂铸造工艺制作石蜡小作品； 产品完成之后，进行后期精细处理； 利用现有大豆蜡进行润色	经历石蜡产品的制作过程，提高动手操作能力，形成认真严谨的做事态度，提高探究能力和创造能力
展示作品		展示两组学生的作品。各小组就创意、设计、分工、出现问题及如何解决发言。鼓励有创意的作品	各组学生展示作品，互相交流、评价，选出最有创意的作品	通过结果的呈现，学生体验成功的喜悦
课堂总结		这节课学习体验了翻砂铸造加工工艺各道工序，形成知识框架，知道操作安全的重要性和工艺对产品优劣的作用，从而树立了"工艺要精湛产品才能优秀"的理念	学生领会这一节课学习的各道工序的操作要领，然后学生清点检查物品，整理工具	

3. 课后：完善、分享

写一篇模型制作过程的体验制作报告表（设计与制作过程中的体会、经验、问题与解决、改进方案等），如表3-3所示，并通过教学网站，分享自己的作品。

表3-3 制作报告表

班级： 组别： 时间： 组长：

分组依据				
成员	活动内容	负责项目	表现记录	小组评分

作品评价：你们认为最引人注目的作品是哪一个？有什么特点？还有什么需要再改进的地方吗？

七、小结

本课是一堂实作课，教学设计突出以"活动"为主题，以任务驱动为主线，以学生的自主探究学习为中心，让学生在温馨愉悦的氛围中享受学习的乐趣，成为学习的主人。完成新课标中倡导的学习目标是本课的设计理念。

本课的整体设计上，学生自主学习的好坏是课堂成功的关键，恰当的教学实例是课堂开展的基础，教师需要把握好演示和学生操作的"度"，适时引导，给予每位学生更多的关注，从而培养起他们的自主学习精神、人文情怀与科学素养。

第四章

04

黄色思考帽：微课与评价

黄色代表价值与肯定

戴上黄色思考帽

人们从正面考虑问题

表达乐观的

满怀希望的

建设性的观点

黄色是希望，
让人坚定前行。
黄色是乐观，
让人积极向上。
黄色是收获，
让人充满喜悦。
黄色是暖意，
让人幸福绵长。

黄色是思考的角色，
黄色是表达的立场。
黄色是价值的彰显，
黄色是肯定的颂扬。

微课是浓缩精华，
评价是正面导向。
戴上黄色思考帽，
走进建设性域场。

为师生赋能，
为教育开启美的想像！

21 世纪以来，随着信息技术和互联网的快速发展，以移动终端为主的信息时代来临。基础教育作为我国人才培养的重要阶段，紧跟时代发展，立足原有学科教学，运用技术解决实际教学中存在的教育问题。传统教学在信息化的影响下发生了巨大变革。随着个性化学习需求的不断增长，教学形式和资源呈现共享化和多元化的发展趋势，微课、非正式学习等形式也因此迅速成为教育界关注的热点。

根据教育部《教育信息化"十三五"规划》《教育信息化 2.0 行动计划》等文件精神，落实发展基于互联网的教育服务新要求，建立优质数字教育资源共建共享机制，促进微课与教育过程的深度融合，实现"人人皆学、处处能学、时时可学"的目标。微课将作为互联网学习资源的重要组成部分，以其短、小、精的特点辐射到每个学校，为各级各类教育和终身学习提供丰富的教育资源。当前，基础教育和高等教育均借助该种教学形式实现了教学方式的变革，逐渐形成以微课资源支持教育服务新模式。

第一节　微课评价的相关概念

一、什么是微课

微课是"微型视频在线课程"的简称，它是以微型教学视频为主要呈现方式，针对学科知识点（如重点、难点、疑点、关键点、考点等）或教学活动（如实践指导、主题探究、实验开展、评价实施等）而设计开发的一种情景化、支持多种学习方式的网络视频课程资源。

二、什么是三维评价

三维评价包括：关注"价值性、技术性、艺术性、趣味性、导学性"的微课资源评价；关注"平衡性、兼容性、适应性"的微课传播评价；关注"实效性、交互性、数据性、促进性、推广性"的微课应用评价。

第二节　微课的现状

一、微课研究更加深入

技术的发展为微课资源的形成、管理和应用提供了强有力的支持。2010 年，符合我国国情的微课概念在被明确后，便作为一种较新的教学方式受到越来越多的一线教师和学校管理者的重视。一时全国开启微课资源创作、竞赛、研讨活动，教师对这种新型的教学资源管理和应用模式表现出极大的热情和兴趣。可在后续的微课竞赛、资源创作的活动中逐步发现微课陷入"资源为主"的被动局面，为资源创作而创作，仅有少部分教师会去下载、应用相关微课资源。因此，专家学者对微课的资源制作、应用模式、评价体系等方面进行深入探索，针对微课如何有效服务教学的问题，微课的研究逐步从单一资源制作走向更深入的应用研究方向。

二、微课应用有待加强

伴随着微课的兴起，资源越来越丰富，良莠不齐的资源质量和架空教学的创作初衷，导致大部分微课制作出来很难落实于实际教学，逐渐变为资料库的简单堆砌，部分微课脱离教学。如何基于实际教学应用来制作微课资源，并形成有效体系和模式进行传统教学和网络教学的融合，此问题需要进行大量实际应用案例进行实验和验证。因此在微课的后续研究中，服务于实际教学的应用研究还需要更多实际案例进行完善，将经验总结提升，才能使微课与实际教学实现有效融合。

三、微课评价有待丰富

大量微课资源的产生有助于教学资源库的建立，而过多的资源堆砌往往对实际教学中的选择和使用产生一定负担，继而影响实际使用感受和效果。目前，有关微课学习认知和学习行为规律研究还有待完善，微课设计、选择、使用、模式、评价等方面研究还需进一步地丰富。作为教育实践的一线教师，微课应用后如何收集数据，并通过相应标准进行评价与总结，形成良性循环，使微课更好地服务于教学，需要具有实际指导意义的、全面、多元化的评价指标和体系来进行测量，帮助累积应用经验和反思，从而形成微课资源支持教育服务新模式。

因此，结合时代背景，从微课资源的筛选、应用、评价等方面进行设计，通过实践教学验证效果，完善评价体系，最终形成集合过程性、综合性、多维度评价的"微课的三维评价构建研究"，促进微课资源支持教育服务新模式的应用研究，使微课更好地服务于教学。

第三节　微课的三维评价案例

——以星辰初中国庆二维码微课实践活动为例

吴跃进　谭中胜

（重庆两江新区星辰初级中学校，重庆 401121）

摘要：星辰初中通过承担重庆市"十二五"重点规划课题《微课的三维评价构建研究》，构建了微课资源评价、微课传播评价、微课应用评价三维评价体系。该评价体系在学校"国庆二维码微课实践活动"得到了充分的实践验证，对微课的开发应用进行全过程、发展性、多维度评价，使得活动中的微课资源更有导学性，学生学习更有自主性，活动效果明显，优势发展突出，受到家长、社会、媒体的关注和好评。

关键词：微课；三维评价；实践探究

一、引言

《教育信息化 2.0 行动计划》倡导建立"互联网＋"教育服务新模式，建立优质数字教育资源共建共享机制，微课作为数字教育资源的重要组成部分，以其短、小、精的特点受到师生欢迎。笔者通过大量问卷调查发现，目前微课的开发应用呈现态度上很积极、认识上有误区、制作上有障碍、传播上趋传统、应用上低成效、评价上显单一的现状。笔者依托重庆市"十二五"重点规划课题《微课的三维评价构建研究》，构建了微课的三维评价体系，对微课的开发、传播和应用进行全流程评价，使得微课的实效性大大增强。在 2017 年国庆小长假期间，两江新区星辰初中并没有布置假期作业，而是将国庆、中秋、旅游、安全等主题融入各个学科制作微课，指导学生在假期开展实践活动。微课的三维评价在该活动中得到了很好的实践应用，效果明显。

二、构建微课三维评价框架、指导微课开发应用

"微课的三维评价框架"分微课资源评价、微课传播评价、微课应用评价三个维度。三维评价全面涵盖了从微课开发到应用的全过程，充分关注了过程性和导学性。其中，微课资源是基础，包含价值性、技术性、艺术性、趣味性、导学性 5 个二级指标；微课传播是关键，包含平衡性、兼容性、适应性 3 个二级指标；微课应用是核心，包含实效性、交互性、数据性、促进性、推广性 5 个二级指标。三个评价维度对相应的教师导学、网络平台、学生自学进行教学支撑。"微课资源"支撑教师开展导学，实施观察学习、协同活动、创新激励、陪伴成长等行为；"微课传播"借助网络平台支撑教学；"微课应用"支撑学生自学，引导学生主动思考、主动分享、主动反思。三维评价促使学生的学习方式由被动学习转变为自主学习，促使教师的教学方式由以教促学转变为以学定教。

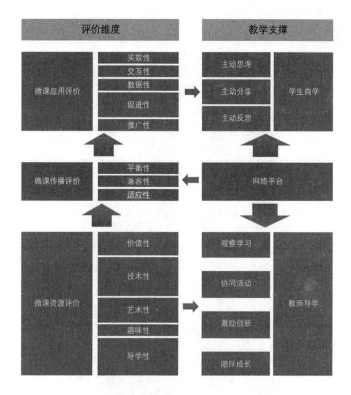

图4-1 微课的三维评价框架

三、制定微课资源评价量表，支持教师导学实施

老师们在开发微课时，一是首先考虑价值性，通过精心设计，给学生提出吸引力十足的选题。例如，语文出美篇，英语通他国，文综溯本源，数学展魔术等。二是充分考虑微课的导学性，强调内容的重要性，如语文聚焦"美篇"的制作技术，重在导技术；数学突破"分月饼"这一难点，重在导方法；政治落实"国庆阅兵"这一重点，重在导思想，均充分尊重学生的主体性。三是充分考虑微课的趣味性，如音乐与体育跨学科融合呈现微课，将听音乐与做平板支撑结合起来实践；美术与信息技术跨学科融合，呈现的画（小制作）就是可以直接扫码的作品，大大增强了学生的学习乐趣。四是充分考虑微课的艺术性，从画面构图、色彩搭配都呈现较好的美感。五是充分考虑微课的技术性，对画面的清晰稳定、声音的纯净同

步性都做了要求。

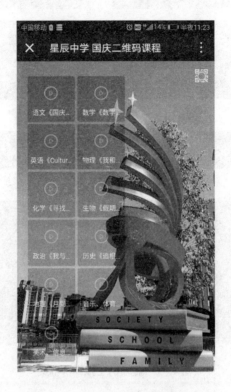

图 4-2 国庆二维码微课程界面

表 4-1 微课资源评价量表

一级指标	二级指标	具体参数
价值性	选题聚焦，针对性强，适合用微课方式呈现	
	示范性好，有开发的价值和意义	
	独立解决一个知识点或教学环节，满足自主学习需求	
技术性	视觉体验好，画面清晰稳定	画面比例为 16:9，分辨率不低于 1080 * 720
	听觉体验好，声音清晰同步	
	互动体验好，以学生为主体	

续表

一级指标	二级指标	具体参数
艺术性	画面有视觉冲击，构图准确，色彩对比	主要配色不超过 5 种
	声音有丰富感染，契合主题，温暖动听	
趣味性	作品有创意元素，充满趣味，爱看乐学	
导学性	主题突出，目标单一	时长在 3～10 分钟之间
	内容聚焦，设计精巧	
	强化重点，突破难点	
	检测学情，评价多元	
	目标达成，促进发展	

四、制定微课传播评价量表，支持微课传播管理

老师们在制作微课时，就充分关注微课的便捷使用、流畅播放和提升微课传播效率，方便学生获取和学习。一是充分考虑微课的平衡性，既要保证画质分辨率在 1080 * 720 以上，又要大小不超过 100M，在画质和大小之间取得平衡。二是充分考虑微课兼容性，将视频发布成常用的 MPG4 格式，便于主流媒体播放。三是充分考虑微课的适应性，主流的 Windows、iOS、Android 等系统均能正常运行。

所有微课都生成二维码，学生、家长方便用平板、手机扫码获取，还能通过二维码平台跟踪、管理所有微课使用情况，生成的使用数据为下一次活动的开展提供很好的支撑。

图 4-3　学生领区微课二维码

日期详细列表

日期	页面访问次数	访客数量	访问次数占比
2017-10-06	757	514	10.69%
2017-10-05	900	576	12.71%
2017-10-04	500	320	7.06%
2017-10-03	727	485	10.27%
2017-10-02	1121	729	15.83%
2017-10-01	1630	1147	23.02%
2017-09-30	1351	923	19.08%
2017-09-29	96	43	1.36%

图 4 – 4 微课访问情况列表

表 4 – 2 微课传播评价量表

一级指标	二级指标	具体参数
平衡性	画质和资源大小趋于平衡，保证质量便捷传播	时长在 3 ~ 10 分钟之间，分辨率不低于 1080 * 720，大小不超过 100M
兼容性	格式和播放工具最大兼容，采用通用文件格式	主要采用 MPG4 等格式，适合网络主流媒体播放
适应性	微课和各种应用环境适应，支持跨平台稳运行	在 Windows、iOS、Android 等系统正常运行

五、制定微课应用评价量表，引导学生自主学习

从学生微课学习过程和提交的作品质量来看，这些微课的应用成效十分突出。一是实用性较高，学生们愿学、乐学、易学，学出了效果，解决了问题。如通过物理微课学会制作望远镜，通过信息技术微课学会生成二维码。二是交互性较好，学生们通过老师设计的字幕、配音等进行良好的互动，积极参与到微课导学中。三是学习过程中有数据生成，如自己做平板支撑的时间、自己作品的访问量等。四是微课有较好的促进性，促进学习方式由被动学习转为自主学习，促进评价方式转为多元个性评价。五是微课得到了积极的推广应用，从二维码平台上生成的数据来看，仅国庆期间访问转发量就达到 1 万多次，访问地域覆盖全国大部分地方。

表4-3 微课应用评价量表

一级指标	二级指标	具体参数
实用性	促使学生愿学、乐学、易学，解决实际问题	
交互性	通过字幕、旁白、平台等互动，提高参与性	
数据性	学习过程、学习成果有数据生成	
促进性	转变学习方式，促进学生自主学习	
	转变评价方式，促进学生个性学习	
推广性	推广价值较大，让更多师生都受益	

六、运用微课三维评价指导，实践活动效果显著

这次"国庆二维码微课实践活动"在微课的三维评价指导下，取得了显著的成绩。一是访问量大，国庆小长假期间的访问次数达10832次。二是地域访问广，涉及的地域有重庆、北京、上海、广东、贵州、四川、浙江等。三是活动作品质量高，每个学生至少有1件作品提交，部分作品在重庆市第二届青少年创客嘉年华大赛中获奖。四是学生收获大，不仅学到了知识技能，学习方式由以往的被动学习转变为自主学习，为终生发展奠定基础。五是媒体关注度高，本次活动得到了华龙网、两江新区官网、网易教育、中国教育在线的关注和报道。

图4-5 学生的微课实践活动作品——望远镜

图4-6　学生的微课实践活动作品——美篇

图4-7　媒体报道

七、结束语

本文结合"国庆二维码微课实践活动"案例，介绍了"微课三维评价体系"在该活动中的实践应用，清晰地展示了关注过程性、发展性、多维度的评价策略，使得学生的自主性学习、个性化学习得到充分尊重，对深化微课学习认知和学习行为规律研究，以及微课的开发应用具有积极的导向意义。

05

第五章

| 黑色思考帽：制造与创造 |

黑色代表变革与挑战

戴上黑色思考帽

人们可以运用

批判性思维

创造性实践

和头脑风暴

来反思过去、迎接未来

黑夜给了我黑色的眼睛，
我却用它去寻找光明。

黑色的思考帽，
也许没有红色的耀眼，粉色的娇嫩，黄色的夺目，绿色的舒畅，
但它却是真正属于思考的颜色。

他庄重，因为他不轻易地附和与苟同；
他冷静，既不轻易地满足于已有的成功，
也绝不随意地娇情地妥协。

他用最客观的态度，反思过往，
并对此不断地否定与修改，批判与重建，
看似无情，实乃至情至性，情到深处。

黑色，也绝非一味的批判与否定，
在辩证地看待过去与现在的同时，
他将对理想的追逐化为行动，付诸实践。

"纸上得来终觉浅，绝知此事要躬行。"
他就是这样一个地地道道的实干家，
在打破旧世界的同时，创造着一个新世界！

所以，
黑色成为人们心目中的永恒色。
当流水不再碧绿，
当天空不再蔚蓝，

当花朵不再娇红，

当世事变迁，沧海桑田……

我们还有属于思考者的黑色，

还有一双黑而明亮的眼睛，最冷静的目光，

凝望人生，并创造新的未来！

从 2007 年起，全球各地共成立了超过 2000 多个"创客空间"。2014 年新媒体联盟发布的《地平线报告》（高等教育版）认为，"世界各地大学校园教学实践的焦点正在发生转移，各个学科的学生正在通过制作和创造的方式进行学习，而不再是课程内容的单纯消费者"，并指出"创客"将在 3 ~ 5 年之内形成影响教育发展的关键趋势，并取得实际效果。

在国际上，"创客"这种新型的人才培养模式陆续在德国、美国的学校中推进并取得了较好的效果，而美国现有的青少年"创客俱乐部"超过 200 个，并将在未来 4 年内在 1000 所美国学校引入配备先进数字制造工具的"创客空间"。

而在国内，据资料记载，"创客"自 2010 年开始有所发展，逐渐进入教育领域。2015 年 1 月，知名教育信息化专家祝智庭教授撰文指出："创客"教育是一种信息技术使能的创新教育实践场。2014 年，全国青少年科技创新大赛专门开辟了"创客"为主题的讲座。2014 年 9 月 23 日，《中国教育报》题为《"创客"：柔软地改变教育》的专题报道，以整版的篇幅介绍了北京、浙江等地开展"创客"教育的情况。此外，全国举办的各种"创客嘉年华"活动都增加了专门的"创客"教育板块，以及出现了全国范围内的"创客"教育学生邀请赛。

2015 年 9 月初，教育部发布《关于"十三五"期间全面深入推进教育信息化工作的指导意见（征求意见稿）》，其中提到了在教学中融入信息化元素，通过信息技术促进各学科教学内容和模式的变革。比如，有效利用信息技术推进"众创空间"建设，探索 STEAM 教育、"创客"教育等新教育模式，使学生具有较强的信息意识与创新意识，使信息化教学真正成为教师教学活动的常态。

随着"创客"教育的开展，中小学里面开始了"创客空间"的建设，北京景山学校、清华大学附属中学、中国人民大学附属中学等知名学校建立自己的"创客空间"，东部沿海的学校也做了一些实践和尝试。但是中学的"创客空间"建设仍处于初期阶段，学校"创客空间"的建设更没有成熟的模式参考。这一项，在重庆更是处于起步阶段。而知名学校的"创客空间"不一定适用于重庆的学校，主要原因有：

（1）建设成本高昂，学校普及比较困难；

（2）教师基础薄弱，没有良好的环境和氛围；

（3）"创客教育"普及与应试教育依然存在冲突，推动可能困难重重。

因此，依托校本，在原有的基础上来思考"创客空间"的建设和运用，更具可行性。

"创客空间"建设的意义，一是为了满足学习理论与实践知识结合的需要，为中学生提供一个"通过制作和创造的方式进行学习"的平台，提升学生的综合素质；二是为了提升学校育人能力，实现对创新型人才培养的进一步探索，意在提升学生的创新实践能力；三是提升学校师生的研究能力，参与课题的教师能够在其中学习教育研究方法，促进跨学科知识的融合，学生通过项目式学习，增强解决问题的能力。

此外，本研究通过基于校本的创客空间建设，能为重庆市校园创客的研究奠定了一定的理论基础，为中小学校园"创客空间"的搭建提供实践参考。积极探索开展基于校本的创客空间运用模式，让"创客教育"走进重庆中学校园，走进重庆中学生的学习与生活，促进重庆特色的"创客文化"繁荣与发展。

第一节　相关理论基础

一、实用主义理论

实用主义理论代表是美国哲学家、教育家约翰·杜威（John Dewey），其主张"教育即生活""学校即社会""从做中学"（Learning by Doing）。杜威认为学校教育的目的就是保证儿童的成长，因此，在师生关系上，他主张以儿童为中心；在教学上倡导"从做中学"，鼓励活动课程，强调教法与教材的统一、目的与活动的统一、智慧与探究的统一，形成了以儿童中心、活动课程、"做中学"为特色的教学思想。而"从做中学"也就是"从活动中学，从真实体验中学"，将所学知识与生活实践联系起来，知行合一。我国著名教育家陶行知的"知行合一"思想也是实用主义理论的一种继承。

实用主义认为教育是让学生在真实的社会情境中成长，真正的学习不仅仅是通过课堂来获取信息的过程，更重要的是在复杂的社会中通过实践来学习。创客教育让学生在真实的项目中开展协作，发现问题、分析问题，从而寻找解决方案，完成作品创作。创客教育强调动手操作和实践体验是获取知识的途径，这与"从做中学"和"教学做合一"的理念是一脉相承的。

二、建造主义理论

建造主义（Constructionism）由麻省理工学院媒体实验室的创始人之一、LOGO 语言的发明人西蒙·派珀特（Seymour Papert）教授在皮亚杰的建构主义（Constructivism）的基础上提出。建造主义支持建构主义的观点，即学习者是一个主动的知识建构者，但也更强调外在作品的建造和学习者分享创意。建造主义认为在学习过程中，学习者必须有意识地透过建造外在、可分享的人造物与知识建立个人关系。

在创客教育过程中，学习者借助于技术工具和来自导师及学习伙伴的帮助，通过动手制作来实现自己的创意作品，并在线上社区或线下创客空间进行展示分享。这极为符合建造主义，主张应该让学习者主动地参与一些外在作品的创作，同时让他们有机会表达自己的看法及与他人分享想法，通过制作来学习的理念。

三、联结主义理论

加拿大学者西蒙斯（George Siemens）在《关联主义学习理论为数字

时代》（*Connectivism：A Learning Theory for the Digital Age*）一文中系统提出了关联主义的思想，指出学习不再是一个人的活动，学习是连接专门节点和信息源的过程。当新的学习工具被使用时，人们的学习方式与学习目的也发生了变化。

在创客教育中，创新活动开始发生巨大的改变。众多的创客开始走出独立的工作坊，聚集到创客空间。清华大学高云峰教授和 ICT 教育专家高震受西蒙斯关联主义的启发提出了"群体创新空间"（Group Innovation Space，GIS）理论。GIS 是关联主义学习理论的物理化学习模型，是一个以松散群体参与创新活动为特征，提供想法到实现所需的材料、设备和设施，并具备社交功能的物理空间。而创客教育继承了创客精神，提供开放空间与工具给学生，在学生学习过程中也强调学生分享精神的形成。

第二节 什么是创客

"创客"源于英文单词"Maker"，在中文里"创"的含义是：创造、首创、开创、创立，它体现了一种通过行动和实践去发现问题、解决问题的做事原则。"创客"就是坚守创新，持续实践，乐于分享的一群人。

"创客空间"是一个人们能分享兴趣（多数是电脑、技术、科学、数字或电子艺术，也包括其他更多方面）合作、动手、创造的地方。"创客空间"可以被看作开源社区，是"创客"能聚集在一起分享知识，创造新事物的实验室、厂房、工作坊、工作室等，"创客空间"是人们以工作、演讲、讲座等形式分享知识的地方。

"基于校本的创客空间"是指根据学校本身的软、硬件条件和本校学生的情况，建设适合本校学生的"创客空间"。这不同于社会中的"创客空间"，更着重于本校情况，在本校能提供的条件下满足学生动手实践的需求，努力将学生的奇思妙想实现出来，提升学生的综合素质。

本研究认为"创客"教育的推动和实施，确实能为国家培养创新型人才、实现产业转型起到很好的推动作用，然而"创客空间"的建设处于初期阶段，学校"创客空间"的建设更没有成熟的模式参考，东部沿海学校的尝试不一定适合西部学校。因此，依托校本，在原有的基础上来思考"创客空间"的建设和运用，更具可行性。本研究旨在探究适用于重庆市中学情况的"创客空间"建设模式。

第三节　国内外的创客研究

一、国外研究现状

创客文化源于美国，但世界上第一家创客空间位于德国。对于创客空间的建设，不少国外专家学者认为，成功的创客空间一般有三个特质：合适的入门项目、合格的创客空间导师、合适的场所（不一定设备齐全，但鼓励创新，相信一切皆有可能）。创客空间按照性质可分两类，一类是社会创客空间，另一类是学校创客空间，其中学校创客空间以图书馆创客空间为主。国外对创客活动的鼓励强劲，如美国前任总统奥巴马鼓励创新运动，在其鼓励下，美国政府在白宫举办了首届"白宫创客嘉年华"活动。在活动上，奥巴马宣布了由白宫主导、推动创客运动的一系列措施。总体来看，目前国外中小学对创客空间的研究主要集中于创客空间应该在什么地方建设、创客空间的导师应具备怎样的特质、创客空间的开放对象时间、创客空间的设备配备等问题上。

二、国内研究现状

我国对创客的研究起步较晚，2010年李大维在上海创办了中国第一家创客空间——新车间。到目前为止，我国已经初步形成了北京、上海、深圳三大中心的创客文化圈。北京创客空间、上海新车间、深圳柴火空间等在内的创客空间在全国都具有一定的知名度。而这些创客空间基本是社会创客空间的代表，实施会员制，会为创客空间的创客们提供基本的设备，如3D打印机、激光切割机等，同时也组织创客聚会。

我国大学在创客方面持续跟进，如清华大学、深圳大学、哈尔滨大学等相继成立创客空间，推广创客文化。图书馆创客空间也正成为研究热点，但主要集中于介绍国外创客空间的建设经验及理论研究上。而国内中小学创客空间也正逐步热闹起来，如北京景山中学、温州中学、温州实验中学、上海格致中学等都开始有了创客空间。为推动青少年创客文化传播，2015年5月，由中国教育报等机构发起，温州中学、温州实验中学、北京广渠门中学、重庆二十九中等35所学校正式组成中国青少年创客教育联盟。

目前国内对创客空间研究的文献较少，主要集中于对已有创客空间的观摩、思考，多为个案研究，指向于东部地区，从建设目标、建设条件、运营计划等方面进行讨论。

三、对国内外研究现状的评述

从国内外研究来看，目前对创客空间的系统研究资料较少，且国内对国外的模仿较多。国内的中小学教育处于起步加推广阶段，也陆续得到政府的支持，但对于空间建设仍没有明确的规划，对"空间、设备"等外在显示追求现象比较明显。另从国内外研究来看，目前对创客空间的运用研究较少，尤其是如何运用学校创客空间才能融合学校育人的目的，体现学校教育的本质，这还未能在研究中得到体现。因此，本研究也是在前人基础上，探索创客空间的建设和运用，旨在深化创客教育研究，推动国内中小学创客教育发展。

第四节　重庆二十九中的创客研究

一、研究目的

初步构建适用于重庆市中小学的"创客空间"工作坊建设及其基础课程发展的模型；探究"创客空间"与跨学科课程项目整合模式；开发"创客"校本课程；在互联网的视野下，推动学校和教师从传统教育到"创客"教育的转型。

二、研究内容

基于"创客"教育的发展，梳理校园创客空间工作坊建设及"创客"基础课程开展的模型；在中小学教学实践中如何实现"创客"教育、"创客"活动，这种创新性、个性化的教育如何实现跨学科的整合。

三、研究方法

本课题属于应用基础研究，主要的研究方法如下。

1. 文献研究法

通过理论研究，深刻理解校本及"创客"教育的内涵、外延，以及二者的关系；研究和分析国内外"创客"教育的理论和实践，以及本课题所涉及领域的研究现状。

2. 问卷调查法

就当前"创客"教育的思想和"创客"活动的现状对教师、学生、家长进行问卷调查，摸清师生及家长对"创客文化"的认识。

前提：随机抽样，把握影响资料真实性的多种因素。

方法：采用网络问卷和纸质问卷相结合的方式，在专业网站发布问卷，设定调查时限，然后回收电子问卷。

3. 访谈法

有针对性地访谈师生，了解他们对"创客"教育的了解和应用情况。

通过问卷调查和访谈，总结"创客"空间建设的条件和面临的阻碍，探寻构建"基于校本创客空间建设与运用"策略的可行性。

4. 行动研究法

本研究将行动研究法渗透在学生"创客"活动中，把行动与研究结合起来，总结经验和发展规律，形成有效的途径、策略。

5. 案例研究法

搜集国内，特别是沿海城市，建立了"创客空间站"，实施"创客"教育的学校进行研究，学习他们的模式和方法，找出适合西部地区、适合学校本身情况的"创客空间"建设和运用策略。

第五节　创客研究成果

一、分析了"基于校本的创客空间建设与运用"前期情况

为科学开展基于校本的创客空间建设与运用研究，课题组对重庆市部分学校教师进行了问卷调查，获取了学校教师在创客教育实施方面的部分意见，本次调查问卷分为 4 个纬度，包括基本信息、创客空间现状、创客空间运用期望、创客空间实施建议，课题组共发出问卷 155 份，共回收问卷 153 份，问卷回收率为 98.7%。其中部分基本信息罗列如表 5 – 1 所示。

表 5 - 1　创客空间前期问卷分析样本基本信息表

类别	选项	比例
性别	男	46.67%
	女	53.33%
年龄	25 岁及以下	26.67%
	26～35 岁	33.33%
	36～45 岁	33.33%
	46～55 岁	6.67%
第一学历	硕士研究生及以上	20%
	大学本科	66.67%
	大专	13.33%
教龄	2 年及以下	26.67%
	3～5 年	6.67%
	6～10 年	26.67%
	11～20 年	26.67%
	20 年以上	13.33%
所从事学科教学工作	主科	50%
	副科	23.33%
	信息技术	26.67%

从表 5 - 1 可以看出，本次受访教师女教师所占比例高一些；教师年龄阶段占比最大的为"26～35 岁""36～45 岁"阶段，所占比例同为 33.33%；教师学历大学本科为 66.67%，硕士研究生及以上则为 20%；教龄分布中"2 年及以下""6～10 年""11～20 年"各占 26.67%；受访教师中教授主科的占 50%，教授信息技术的为 26.67%。

而从各个问题分析来看，可以得出一些结论。

1. 目前创客教育在学校有一定的运行基础

从"您对创客的了解程度"来看，约 66.5% 的参与者认为自己对创客是有一定了解的；从问题"您觉得在青少年中开展创客教育是否有必要"

中，有86.7%的参与者认为是非常有必要的。由此可见，在本校中，绝大部分教师在对创客有一定了解的基础上，认为创客教育开展是有一定必要的。若在本校建设创客空间，在教育教学等方面是能获得师资力量的支持的，在运行方面有一定的基础。

2. 对学校创客空间建设有所期望

对问题"您想要（已有）的创客空间的主要作用是什么"中，对于"用于创新教学""提供大部分学生课外活动场所""培养学生创新思维，让学生获奖""给有创新思维的学生搭建一个动手实践的场所"的选项占比分别为26.67%、6.67%、13.33%、53.33%，这说明大部分参与者认为创客对创新思维培养有一定的作用；而对于"您愿意参与学校的创客教育吗"，选项中"愿意"与"十分愿意"的占比和约为84.59%，这说明教师的积极性较高；而且42.45%、51.27%的教师各认为创客教育对教学"非常有帮助""有一定的帮助"。

3. 创客教育实施还存在一定困难，可先作为选修课程纳入

在"您觉得学校进行创客空间建设最需要哪些方面的支持"中，"资金与设备""学生积极性""创客活动与比赛的参与"等成为老师们考虑的首要问题，并且也是学校创客教育开展中的现实问题，因此在开放题"您对中学实施创客教育、开展创客空间建设有什么建议"中，有部分教师认为先期应将创客课程作为选修课程。

从前期开展的问卷调查来看，创客教育在学校实施有一定的运行基础，在教师群体中能够得到推动，这为后期的师资组合方面带来一定的支持；而资金及创客活动等成为运行中所需要考虑的具体问题，因此，在基于校本的创客空间建设中加入课程是十分有必要的。

二、制定了创客空间建设与运用策略

1. 从学校实际出发，制定创客教育发展目标

在开展基于校本的创客教育之前，需要对学校的创客教育进行前期准

备,一是确定学校创客教育发展目标,二是搭建基于校本的创客空间,保障学习顺利进行。

基于前期创客教育相关资料搜集分析,从本校信息技术学科具有优势的实际情况出发,结合学生核心素养发展要求,课题组从"基本知识、问题解决、思维发展"三层面,将创客教育的发展目标定位为:

(1)推动多学科融合,提升学生的知识综合运用能力,促进学生跨学科思维发展;

(2)理论知识与实践操作学习并行,有效提升学生动手能力;

(3)在学习过程中,提升交流、表达能力,有团队合作和分享意识;

(4)以探究式学习为主,辅之以现代信息技术优势推动问题解决,促进学生创造性思维发展。

2. 以校为本制定学校创客空间建设与运用方案

创客教育是"STEAM"(S 表示科学,T 表示技术,E 表示工程,A 表示艺术,M 表示数学教育)理念的本土化,是创新、创造教育的实现形式之一,其强调与现代信息技术的融合。从重庆二十九中来看,信息技术是优势学科,自 2010 年起,学校先后被授予成为"渝中区高中信息技术学科基地""渝中区义务教育阶段普通初中信息技术学科建设基地",同时在 2016 年成功入选教育部组织的"基础教育信息化应用典型案例",在信息技术学科建设及学校信息化建设方面可说是屡获殊荣。因此,重庆二十九中的创客空间牢牢抓住信息技术学科优势,深度践行 STEAM 教育理念,开展跨学科的创客教育实践,具体有以下三个方面。

(1)分析学校创客空间建设目标。和社会创客空间不同的是,中小学的创客空间建设是满足学生动手实践的需求,给他们提供"用知识"的机会,帮助他们的奇思妙想得以实现。从这点看,中小学的创客空间实际具有了开放实验室、社团活动室和图书馆等场所。

在学校创客教育发展目标之下,课题组创客空间的建设目标主要是:为爱好动手、爱好制作的学生提供一个固定的活动和交流场所。通过各种创客分享活动，鼓励学生主动参与创新实践，研究跨学科的综合性项目，提升技术并交流创意，最终形成一个汇聚创意的场所，一个让想法变成现实的"梦想加工场"。

（2）因校制宜，明确创客空间运行基础保障。创客空间的场地、工具、管理等问题是创客空间运行之前需要考虑的问题。在学校信息技术的优势下，根据 STEAM 理念，结合本校实际，学校创客空间区分为"人文艺术区"和"工程技术区"两块，并以功能为依据划分区域。另外，根据前期的初步的课程设置，对工具（包括创客工具箱、3D 打印机、激光切割机等）进行补充，以满足学生的实践动手需要。此外，还通过课程和活动的方式来对创客空间进行管理，并有专职教师进行定期的管理与维护。

（3）基于校本的创客教育实施策略。在实施层面上来看，要注意"实施内容丰富，问题核心引领"。在创客教育实施中，课程、教学等重要核心内容将在此展开，在该层面，要保证课程的设置、明确教学模式，以及保障师资力量。具体来说，创客教育实施将以信息技术为基础，开展基础课程和选修课程，基础课程由必备的基础元素抽取形成课程；选修课程由信息技术课程融合其他课程，共同开发，聚合学科师资力量，以问题为引领，开展项目式学习。

三、搭建了基于校本的创客空间——蚂蚁梦工场

在厘清学校创客教育发展目标后，融合 STEAM 教育的精髓，课题组结合自身实际情况搭建了"蚂蚁梦工场"，并将创客空间分为"人文艺术区"和"工程技术区"两大区域（见图 5-2）。其中"人文艺术区"主要用于美术教育，如学生作品的制作、加工、展示、分享等，旨在提高学生的审美能力；工程技术区是创客教育活动的主要实施场地，是小创客们学习、创造，将梦想变为现实的地方。在四间活动室（蚁群、蚁巢、蚁坊、蚁汇）中，小创客们可以进行技能学习、加工创造、拓展延伸、创意展示等活动。

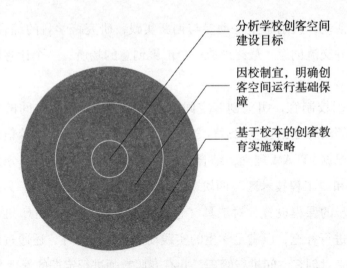

图 5-1 创客空间建设与运用方案

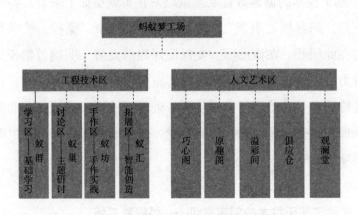

图 5-2 蚂蚁梦工场功能分区图

1. 工程技术区

教学区包括四间功能教室，即学习、讨论、手作和拓展 4 间功能教室，将其分别命名为"蚁群""蚁巢""蚁坊""蚁汇"。

（1）学习区——蚁群

学生初探信息技术创新课程，这里可以用作集中学习以信息技术为基础的一些必要知识，包括编程语言和编程思路，以及创客工具的使用，具备扎实信息技术基本素养。在这里以小组活动形式，进行桌椅摆放，配备有计算机、编程学习的辅助工具、3D 打印笔等，可供学生进行学习。

（2）讨论区——蚁巢

学生了解基础知识后，在蚁巢中进行项目学习的有关讨论，激发学生的创新思维。学生可在留言墙上记录、传递与分享；选择自己喜欢的创意想法，自由组队；并设计出制作方式，利用讨论黑板或者电脑查找设计资料等方式设计出制作图纸。这里设置有演讲台、适合讨论的小圆桌、展示白板等，方便学生进行讨论。

（3）手作区——蚁坊

学生带着设计图纸进入蚁坊，根据设计方案选择制作所需要的原材料，在加工区加工制作完成，如果存在设计缺陷导致暂时无法完成的作品可以暂时存放在半成品展示柜里面；如果完成作品，则可以放入创意区、展示区进行作品展示。这里配备有激光雕刻机、3D 打印机等大型工具，也有扳手、钉子等小工具，还有创客工具箱，可供学生对设计方案进行加工。

（4）拓展区——蚁汇

当学生课程学习达到一定程度，可对知识学习再次拓展，抑或对作品升级。如学生的作品需要参加机器人大赛，或是学生有作品升级的需要，可以来到机器人学院，在此进行更深层次的学习。这里主要是配备各种有关机器人学习的零件，以及模拟赛场，可供学生学习机器人制作相关知识。

2. 人文艺术区

人文艺术区是"蚂蚁梦工场"的美育之处，由 5 个功能室组成，包括巧心阁、原趣阁、溢彩间、俱应仓、观澜堂，用于手工制作、素描、油画等美术活动学习。优美的环境和浓郁的艺术氛围有助于提升孩子们对美的鉴赏能力。当然，这里也是创客与美术学科融合的地方，在该区域学生可以学习油画、手工等专业知识，或者对其创客作品进行加工，简而言之，人文艺术区是创客们美育陶冶的地方，也是创客作品包装、美化的地方。

四、确定了基于校本的创客教育实施保障

对于基于校本的创客教育课程实施，最终将要落到课程与教学上来，因此，其实施保障目的在于：一是要解决课程资源问题；二是要解决师资问题；三是要解决管理问题。

1. 挖掘学校特色资源

挖掘学校特色资源，是为了填补学校创客教育的课程内容。在创客教育课程资源开发过程中，融合学校自身特色有一定优势。一是可以借鉴先前的经验，利用经验优势，对课程资源充分进行再次开发；二是可以对人力资源、物力资源等有更好的安排，对两者的熟悉程度更有利于在新课程资源开发中进行调动。

学校以机器人教学和信息技术教育为特色突破口，整合以往机器人教学和科技教学中的部分经验，在此基础上进行创客教育课程资源的开发。例如，利用之前机器人教学中学生对编程的兴趣，制定基础的 scratch 课程。该课程也成为学校的创客教育的基础课程之一。除此之外，还有信息技术课程中的 3D 打印、模型制作等课程也可挖掘为特色课程资源。

除此之外，因为创客教育中的跨学科性，也可对学校多学科课程进行资源挖掘，包括在学校课程中的各种学科问题，如物理中的温度问题、音乐课中新学习的曲子、地理中地球仪的制作等，收集学生比较感兴趣一些主题，集中这些学科优势，进行跨学科课程组合，这也形成了跨学科资源群。

由于学生一直在学习信息技术学科，编程基础掌握得较为牢固，因此课题组决定将编程与物理、美术以项目主题的方式组合在一起。从物理课堂中抽取课程资源，如"凸透镜成像现象""生活用电"等知识，与编程结合，或者单独为主题，让学生在学习物理中先学习理论知识，然后在创客课堂中，经过教师引导生成情景，再用理论知识去实践"项目"，最后形成作品，在其中可用美术去装点作品。这一套流程下来，物理、美术、

信息技术等学科得以跨学科融合。

2. 师资组合

搭建以"融合·发展"为核心的师资团队。创客教师团体吸引了数学、物理、信息技术、美术等学科教师的加入，做到"多学科参与，多方面发展"，并邀请北京师范大学博士生导师黄荣怀，以及国内知名创客教育专家、北京景山学校创客教师吴俊杰、南京师范大学讲师陶宗浩等一批创客教育专家多次为老师们做培训，提升师资水平。尽量挖掘教师的内在潜能。

在选修课中采用分阶段导师制，即在基础学习阶段、项目展开阶段，学生分别会有不同的导师，可以随时请求各导师帮助。

3. 组织管理

基于创客空间成立了相应的组织管理小组。管理层由校长引领，主要负责制度设计、组织管理等，以保证课程基地活动能够有序实施。此外还设置有创客教育实施组织小组，在下面分设执行组和专家小组。执行组主要负责创客教育实践以及课程开展等，专家组主要包括学校内各教研组组长、名师团队，对创客教育实施给予理论引领；在执行组要有专门人负责创客教育课程规划、框架设计、经费预算、人员结构等，另有一部分人负责环境建设、培训研讨、课程研发、应用实施、评价推广等。

五、开发了基于校本的创客教育课程体系与教材

课程是创客教育实施的核心，也是创客教育教学活动的灵魂，开发新教学理念下的课程是创客空间运用的重要表现。蚂蚁梦工场将以信息技术为基础，结合 STEAM 教育理念，融合物理、美术、数学等学科开展多层次的校本课程，为学习者提供合适的学习方案，促进学科知识的交叉渗透。

本研究的创客教育课程体系分两个类型展开，分别是基础类课程与创客类课程。基础类课程是课程体系中的精华板块，是经过多次教学实践最终形成的科学规划，对提升学习者信息素养有着重要作用；创客类课程，是课程体系中的创新部分，是在基础课程基础上，为进一步提升学习者"知行合一"的能力，培养学习者实践创新精神，在多次教研及调研基础上而设计的。

1. 基础类课程

在已有的校本课程中，基础类课程先期已经开始实施，有牢固的基础，它也是支撑创客类课程进行下去的重要基础。目前来说，基础类课程包括"两梯度四板块"课程建设内容。两梯度指对课程的难度分为"基础知识"和"提高知识"两级，在知识层次上有所区分；"四板块"指的是在课程内容上，基础类课程内容分为"电脑制作""程序设计""影视制作""机器人课程"4个板块，是经过反复打磨的校本课程。

2. 电子工程创客教育课程

主要采用"进阶式"设置课程，搭建"2+3"课程体系。为进一步丰富信息技术课程形式，在国家课程标准基础上，电子工程创客教育课程依据学习者兴趣，整合资源、重构资源组合方式，在保证基础教学的同时，也逐步扩宽学习素材，构建丰富多样的学习资源。将"基础+选修"板块，融入3个部分的课程内容中，形成由易到难的课程学习模式。其课程内容有"感受程序的美""硬件的乐趣""功能的实现"，该部分内容围绕程序展开，三者是一个连续性整体，以循序渐进的方式将知识与技能融合。

3. 工程物理创客教育课程

本课程是在学生掌握基本的工具使用和材料的加工方法，能熟练应用各种传感器并编写简单程序后，充分调动学习者所掌握的物理知识，将编程方法、加工技能熟练整合后进行再创造，解决人们的生活、生产需要。以支架式教学为主，按支架搭建方式，归纳为"三支架五模块"。"三支架"主要是课程的"模仿设计""目标驱动设计""发现式设计"模式，"五模块"指"电磁学知识应用""声学知识应用""热学知识应用""光学知识应用""力学知识应用"5 个模块，其内容紧贴学生平时生活，如"神奇的潜望镜"，即将光学知识——折射与潜望镜模型制作结合，这种形式也受到学生的欢迎。

为更好地开展创客教学，提升创客空间使用价值，课题组根据上述的创客课程体系，自主设计开发了基于校本的创客教材——《重庆二十九中 STEAM 校本教材》，教材设计主要针对初一、初二、高一和高二 4 个年级的教学，每本教材共包含 8 个主题的课程，每个主题 4 个课时，每个课时都由一名任课老师和一名助教进行教学。为了更好地贯彻 STEM 教育学科融合的理念，每个主题课程都分别邀请涉及的学科教师作为专业顾问，给予学科专业指导，保证教材开发内容的准确性与专业性，目前，该教材已进行一学期的使用，获得学生和任课教师的良好反响。

六、创新了创客教学组织形式和教学模式

为了推动创客教育的发展，提高创客空间使用率并保证取得较好的应用效果，课题组逐步形成学校特有教学组织方式和创客教学模式，具体包含以下几个方面。

1. "基础 + 选修"的教学组织方式，促进学生"知行结合"

在教学实践中，主要通过基础学习加选修课学习的方式来组织教学。基础学习包括编程基础知识、3D 打印基础及现代信息技术的基础运用，面向的是全体学生；而选修课主要是学生在选修时段进行的自主选择，面对的并非全体学生，其师资也进一步升级，由信息技术教师与学科教师"1 + 1"的形式，分别担任导师与助教，角色根据教学内容商定。

在基础与选修板块中，学生都会有基本知识和实践操作的环节，但相对来说，选修环节中对创客教育的实施贯彻得更为紧凑，操作也更为顺利。主要集中于某一周的固定半天，学生可以选择喜欢的创客班级加入。

表 5-2　创客选修课安排表

实施年级	高一（举例）
课　　时	2 课时/周
时　　间	周三下午（依据学期情况，可能有所调整）
教学内容	创客项目（每个年级各有 8 个案例）
教学方式	项目式教学（通过完成一个项目为一个教学阶段）
师资组成	信息技术教师 + 学科教师 （"1 + 1"的方式，导师与助教角色根据教学内容商定）
师资培训	已完成（包括工具使用与 3D 建模培训等）

2. 项目式教学，组建学生团体牵引创客空间应用

在学生具备一定基础的情况下，可以在学生群体中开展应用性的创客项目，让学生以团队合作的方式深度参与创造过程，以挖掘其跨学科知识的应用、团队合作和交流及创造的综合能力。例如，依托学生社团，建立学生创客团队，在每周活动时间进行主题讨论和自主实践探究。每一学期或每一学年分小组确定创客项目，由创客教师对项目评估其可行性，对合适项目安排专业指导教师进行指导。

具体来说，在课程中，采用项目式教学，即项目先预设学生通过学习可能会用到的技术知识、材料，按照兴趣在"定向项目和非定向项目"中自行选择（其中定向项目由物理、美术、信息技术等学科通过整合确定），在规定时间内，由学生组队完成（在过程中，学生可以寻求教师帮助，教师要全程跟踪学生情况），并通过路演的方式，向其他人推荐自己的作品。

3. 搭建多级平台，实现培优创新

在创客教育中，为培优创新，课题组深入挖掘学生特长，鼓励学生参加与创客相关的比赛或者进行发明创造，并形成常规活动，搭建起相对稳定的平台，形成"校级—区级—市级—国家级"的四级培优平台。

例如，每年都会组织学生参加"全国中小学生电脑制作大赛""全国中小学信息技术创新与实践活动（NOC）""小科学家"等活动；对于优

秀的学生项目，也可以鼓励其申请发明专利，将创意转化为现实，让创意落地。

第六节　创客研究影响与效果

一、创客空间基本成型，基于校本的创客课程适应良好

在本次课题研究中，课题组初步尝试基于校本的创客空间建造与运用研究。

首先，提炼出创客空间建造及运用的策略，包括确定学校创客教育发展目标——创客空间建设目标（因校制宜），明确创客空间运行基础保障——创客空间运行策略（包括课程内容构建、师资、教学、组织管理等方面）。

其次，在创客空间建造中，以功能分区对其进行规划，除"人文艺术区"和"工程技术区"的大板块区分之外，还采用"学习区""讨论区""手作区""拓展区"这样的功能划分法，也是对创客空间建造的一种可参考模式。

再次，打造了基于校本的创客课程，从学校实际情况出发，提炼出以信息技术为基础的多学科融合的创客课程。基础课程与选修课两种课程实施方式，都从不同层面上保证创客教育的实施。从实施效果来看，创客课程逐渐为师生接受，第一期选修课在学生中的受欢迎程度越来越高。

二、创客教育初见成效，师生跨学科研究逐步成型

以选修课、课外活动为阵地，稳步推进创客课程。创客教育课程深受学生喜爱，在创客导师的引导下，孩子们学习创客基础知识、挑战"定向课题"和"不定向课题"、分享观点、动手制作、进行路演、参加比赛。

在活动过程中，学生的学科知识、思辨能力、动手能力、人际交流等方面技能明显提升。

搭建以"融合·发展"为核心的师资团队。我们的创客教师团体吸引了数学、物理、信息技术、美术等学科教师的加入，做到"多学科参与，多方面发展"，并邀请创客教育专家为团队教师做培训，提升师资水平。

以课题促研究，带动创客教育理性发展。目前工作室相关课题有"学校创客教育生态系统构建策略研究""基于校本的创客空间建设与运用研究"等重点课题，并以此为平台认真开展各项活动，对创客教育的内涵与外延进行深入研究，在行动中提升学校创客教育水平。

三、发挥了校园创客教育区域示范辐射作用

创客教育并不是独立进行，而是多头发展，共促提升，在开展"创客教育"的同时，课题组还正在牵头实施"千校教育云""慧学工作坊"两个工程，目前这三者正齐头并进，共同推动重庆二十九中创新教育的发展。

2016 年 1 月 20 日，课题组倡议发起并联合巴蜀中学、西南大学附属中学等 30 所学校共同成立了"重庆市青少年创客教育联盟"，意在搭建重庆地区创客教育的交流平台；2016 年 5 月 21 日，由联盟承办的重庆市首届青少年"创客嘉年华"在九龙坡区鹅公岩小学隆重召开，来自重庆市的50 余所学校代表参与了此次盛会，表现了区域创客教育发展的良好势头；2017 年 12 月在重庆二十九中开展的"重庆市第二届青少年创客嘉年华"，吸引了来自各个省市的 39 所学校、12 家企业，共计 2000 余人共同参与，以"创新智造、引领未来"为主题，进行了"创客秀场""创客现场挑战赛""青少年科技模型大赛"三部分的比拼。创客嘉年华活动不仅为小创客们提供了展示自我创新的机会，同时也为课题组搭建的创客空间提供了展示平台。

另外"蚂蚁梦工场"自成立以来，得到教育界同仁的广泛关注，截至

目前接待交流参观人数累计万余人，推动了区域创客教育资源的共建共享，为区域内学校搭建起创客教育分享和交流平台。有部分学校在参观之后，从本校创客空间中也得到启发，对创客空间以功能分区进行规划，达到了课题之初对重庆中小学创客空间建造提炼模式的目标。

另外，2018 年 5 月 5—7 日，课题组的张银铃、陈江老师代表重庆二十九中参加了第三届全国基础教育信息化应用展示交流活动，课题组的案例作为全国 30 个典型案例之一参加了中央电教馆主办的展示会。中共中央政治局委员、国务院副总理孙春兰，以及教育部部长陈宝生等领导在开展仪式后观看了案例展示，张银铃老师作为重庆市 STEAM 创客课程代表在现场进行了说课展示，并得到专家和听课老师的高度肯定。

我们期望在以后能最大限度地发挥自身优势和作用，切实推动创客教育的发展，在互动中与创客教育同盟们共同成长。

四、创客教育成功融入学校教学中，成为校园特色文化

良好的校园创客文化氛围是校园创客空间极其重要的一部分。通过本课题的研究，逐步将创客思维、创客理念融入校园文化，形成具有本校特色的创客文化，提升了师生的主动研究及跨学科意识，转换其思维方式，构建起本校创客教育生态系统。

创客校园文化建设体现在三个方面。

一是创客课程中结合本校原有课程中的优势资源。例如，将学校的特色元素或者地方的特色元素融入创客课程：在 3D 设计课程中，加入学校徽标设计；在模型制作中，体现校园元素等。

二是开展各种形式活动。例如，学校开展的艺术节的活动，在其中设置创客作品展示的展台；设立创客跳蚤市场让学生去出售自己的创客作品；定期开展诸如 PS 创意比赛、3D 设计比赛、创想主题赛等创客竞赛。

三是通过具体氛围烘托。例如，创客空间的装饰选用梦幻的色调或科技感较强的设计，给师生以视觉上的感受；在校园内设置活动展示墙、作

品展示区域或者创意留言板等。

第七节　问题与讨论

在课题实施过程中，有收获，但也存在一些问题，这也是我们今后研究的方向。

一、创客教育师资力量的组织和培训

在整个课题中，存在的一大问题是创客教育师资。虽然在前期吸引了美术、物理、数学、信息技术等教师加入，但实践中发现：一是如何解决教师平时教学与创客教学的冲突；二是如何进行教研备课，找出学科之间的关联点。这也是目前需要解决的问题。

二、创客课程内容的完善

首先，现有的创客课程体系，分为基础类和创客类课程，从基础类来看，对现代信息技术的掌握程度要求高，虽然适应本校实际情况，但在推广过程中，也存在一定的问题，并不具有普遍性。其次，现有创客类课程相对比较单一，为促进创客课程的进一步发展，需要扩展创客课程资源。最后，由于课题是创客课程的前期探索，意在引领学校创客教育的发展。目前在美术、数学、物理等学科有所体现，但还不够，应该扩大学科领域之间的联系。

三、创客教育的教学方法仍需继续探究

课题组目前所实施的教学方法以项目教学法为主，但是否还存在其他更合理的教学方法，这值得讨论；另外教学组织过程中，也存在管理上的困难，如对课时的安排、对教师上课时间的安排、对学生基础课程与选修

课程的管理，都还有一些不足之处，还需进行调整。

第八节　结论与建议

根据课题的研究，得出以下结论。

一、创客空间可采用"功能分区"形式建设

通过前期努力，在反复构思、沟通、规划之下，我们建成了重庆二十九中校园创客空间——蚂蚁梦工场。梦工场融合 STEAM 教育理念，在学校实际情况之下，分为"人文艺术区"和"工程技术区"两类。

在两类大区域之下又设置多个小功能室，以供学生进行练习。小功能室以学习阶段功能进行区分，包括学习区、讨论区、手作区、拓展区，每个区域配备该阶段活动学生所需要的工具。但该种模式也可以进行变化，如在有足够场地的学校就可以采用功能室；但若没有足够场地，采用在一个空间内进行功能分区的做法，也是可以的。以功能分区更方便创客教育的实施及管理。

二、创客课程要结合校本特色

创客教育创客课程开发，从现阶段来看，结合校本是首选途径。本校开发了融合多学科知识点的创客校本课程体系，也是基于校本信息技术优势，以信息技术学科为基础，同时与数学、物理、美术等学科融合。前期已初步成型的课程分为"基础课程"和"创客课程"，基础课程是公共课程，是任何学生都需要学习的基础知识；而"创客课程"则是选修课程，是基础知识之上，创客课程的进一步学习，以项目式学习为主，给予学生充分的自主权，让学生去发现、去动手实践。

三、创客空间建设与运行要进行顶层设计

课题研究能够有序进行，和实施有效规划是离不开的。对于课题实施来说，事前做好科学论证保证课题可操作是一方面，但在实施过程之前，一定要有所规划。例如，本课题在课题伊始就对相关概念进行界定；对学校创客教育发展目标、创客空间建设目标进行规划；对空间规划、课程建设、教学、师资等也有一定的规划，并在过程中不断调节。

从课题研究来看，在后期研究中，仍然有许多问题值得研究，特做如下建议。

（1）创客课程内容拓展。对于本阶段创客研究来看，创客空间建设已经完成，最重要的是在使用上，本阶段的创客课程在建设上已经有了初步模型。首先是分析校本特色，提炼优势学科，融合较为相关的美术、物理、数学等学科开展项目式教学，但在课题中，研究人员深入教学发现，学生的关注点更多、更广泛，对学科的融合需求比预想中更高，现有的课程内容还未能完全满足创客教育发展，因此在后续研究中要加强对创客课程内容的拓展。

（2）创客师资力量培训要增强。对于课程实施来说，目前有一个实际问题的确难以解决，即教师储备不足。各科教师皆有本专业前沿的知识，但对跨学科领域仍难以融合，目前课题组采用分阶段导师制，但这样也存在问题，比如教师之间的环节贯通不畅，不能一以贯之地指导学生项目。但若有专业的创客教师或者能够实施校企融合，借助社会上的创客师资，那么效果将会更好。

（3）创客空间的持续运转、创客课程的开设需要持续的经费支持，需要做好保障措施，需要克服很多困难，需要学校继续支持。同时，学生的成果转化也需要加强。

06

绿色思考帽：课程与教学

绿色代表生机与活力

带上绿色思考帽

人们可以超越已知、浅显、满足

提出新的创意

列出不同的选择和路线

绿色是生命之色，
象征着青春与活力，
带给我们清新、和平、宁静和希望。
柔弱的嫩绿、青春的翠绿、成熟的深绿、沧桑的黄绿……
每一种都是自然的赋予，
意味着生命的和谐与生长。

绿色连接了青黄，
成就了大自然的勃勃生机。

绿色代表生机和希望，
带上绿色思考帽，
人们可以超越已知、浅显和满足。
绿色连接了青黄，
课堂连接了师生。
绿色课堂激发热情和创意，
绿色课程代表永恒主题和根本，
绿色资源齐聚平台共分享。

绿色教学探索不同方式和路线。
绿色与生命，人与自然，课程与教学，和谐共生长。

选修课学生练特长，电脑化设计显个性；
助力年轻教师成长，优质课比赛展风采；
帮扶送教共同进步，示范课讲座扩影响；
信息化建设成骨干，开发平台聚享资源。

1984 年，邓小平提出计算机要从娃娃抓起，掀开了我国计算机教育的序幕。从 2001 年国家提出中小学普及信息技术教学开始，信息技术学科经历了近 20 年的发展，2009 年浙江省将信息技术第一次纳入高考，2013 年江西省首次将信息技术纳入高考。伴随着教育信息化与教育的深度融合，我国信息技术学科迎来了发展的春天。2013 年教育部启动普通高中课程修订工作，2017 年颁布了《普通高中信息技术新课程标准》，将信息技术课程分为必修、选择性必修、选修三类课程。选修课程的设置是高中新课改的亮点之一，但目前高中信息技术选修课（选择性必修、选修课程）在课程资源上存在明显匮乏的情况。

第一节　什么是选修课程

课程是教育的永恒主题，课程建设是学校教育乃至整个教育事业的全面而又根本性的问题。在本次基础教育课标修订中，选择性必修和选修课程的设置是新课标中的亮点之一。但对于新课标颁布后相应资源的匮乏，本研究课题在对选修课资源的建设与应用模式的探究基础上，成为其他同行建设相关资源的有利参考，也为探索课程设计的理念、思路以及模式等，对选修课的教学具有借鉴的意义。

选修课是学生信息素养培养的继续，是支持个性发展的平台。针对目前信息及技术选修课程资源的匮乏，本课题应运而生。考虑到本研究小组人力、物力、精力有限，同时又考虑到信息技术课程的核心，即程序设计，故本研究着重开发程序设计模块的资源建设与应用模式。该内容包括必修课程模块 1：数据与计算；选择性必修模块 1：数据与数据结构；选修模块 1：算法初步。本研究目的在于为丰富该领域的资源贡献自己的力量，也为其他同行建设相关资源提供有利参考。

1. 信息技术

信息技术简称 IT（Information Technologe），特指与计算机、网络和通信相关的技术。

2. 信息技术课程

普通高中信息技术课程是一门旨在提升学生信息素养，帮助学生掌握信息技术知识与技能、增强信息意识、发展计算思维、提高数字化学习与创新能力、树立正确的社会主义价值观和责任感的基础课程。

3. 学科核心素养

学科核心素养是学科育人价值的集中体现，是学生通过学科学习而逐步形成的正确价值观念、必备品格和关键能力。高中信息技术学科核心素养由信息意识、计算思维、数字化学习与创新、信息社会责任 4 个核心要素组成。

4. 计算思维

计算思维是指人体运用计算机科学领域的思想方法，在形成问题解决方案的过程中产生的一系列思维活动。

5. 资源建设

本研究所涉及的资源主要包括教学设计、教案、课件、微课、配套练习、教学反思、教学论文、教学平台及其他资源。

6. 应用模式

指本研究中所涉及的教学设计、教案、课件、微课、配套练习、教学反思、教学论文及其他资源在教学平台上的呈现方式，以及在课堂课外的使用方式。

第二节 为什么要进行选修课程资源建设

课程建设是学校教育乃至整个教育事业的全面而又根本性的问题。必修课程满足学生学习知识技能的基本需求，选修课满足学生个性化的学习需求，旨在发挥特长、彰显个性。在本次基础教育课标修订中，选择性必修和选修课程的设置是新课标中的亮点之一。但对于新课标颁布后相应资源的匮乏，本研究课题在对选修课资源的建设与应用模式的探究基础上，成为其他同行建设相关资源的有利参考，也成为探索课程设计的理念、思路及模式等，对于选修课的教学具有借鉴的意义。

本研究在总结重庆一中多年《电脑作品设计与制作》选修课的实践经验的基础上，建立相应的课程框架体系，建设各种切实可用的课程资源，提出信息技术选修课资源建设的设计思路、制作方法等，实践摸索相应的使用模式，并对应用效果进行验证，对课程改革背景下的教学信息化具有一定的实践借鉴意义，也实现了信息技术学科教学资源的共建共享。

自《普通高中信息技术新课程标准》颁布以来，各类教材仍在开发中，但各地的地方教材、校本教材如雨后春笋，不断涌现。在重庆一中的教学实践中，信息技术选修课一直作为必修课的重要延续，且将选修课程立足于培养学生的信息素养，特别是计算思维。本课题2015年立项以来也一直坚持课程的设置落脚在学生信息技术素养的培养上，与2017年新课标中所提出的信息技术核心素养不谋而合，可以说是准确把握了高中信息技术课程发展的脉络。所以，本研究不仅在信息技术选修课资源的建设上为同行提供了参考，也在预瞻学科发展脉络上做出了自己的尝试和先行的试验。

第三节　选修课程资源建设现状

我国信息技术课程虽然经历了30多年的发展，但相对于其他传统学科仍然十分年轻，相关的学科资源也远不及其他学科丰富，选修课程更是如此。许多教师在开展选修课的教学中发现，《普通高中信息技术新课程标准》（2003 年 2 月审定稿）仅提供了五大选修模块的名称，根本没有具体的配套资源。通过查阅知网相关期刊，以信息技术、课程资源为关键字，截至 2015 年 9 月 10 日仅查到 19 篇论文有关于翻转课堂、微课的资源设计，但是提到信息技术选修课程的研究却很少，仅有 1 篇。说明目前对于高中信息技术学科选修课程资源建设匮乏，更谈不上应用模式的研究。

由于国外信息技术水平领先，信息技术学科开设年龄段较早，课程设置也与国内不同，例如，美国提倡 STEAM 课程，将信息技术知识模块融入其他学科，因此教学资源对国内教学也不太适用。

所以我们的目标是在新课标课程框架下构建与信息技术必修课所配套的信息技术选修课程的知识模块与体系；设计开发高中信息技术选修课程教学资源；摸索使用相应资源的教师学生、课上课下使用模式，并检验其教学效果；在不断反馈与修正的基础上，总结经验，为同行建设相关资源提供经验参考。

重庆一中信息技术选修课程资源建设与应用现状分析由以下三个方面呈现。

一、前期在信息技术选修课开设情况

重庆一中的信息技术选修课程开设较早，在课程开设方面有以下几个特点：

（1）开课的形式有校内选修课、课外活动、学生兴趣小组的方式；

（2）学生参与面较广，据不完全统计，每年高一、高二的学生约有 300 人参加了各种形式的信息技术选修课程；

（3）学生反响良好，在每年的课程评分中，信息技术的各类选修课都可以获得学生的高度认可；

（4）通过选修课的学习，学生加深了对信息技术的了解程度，学生相应方面的技能与知识显著提高；

（5）通过选修课涌现出一大批优秀学生，学生的优秀作品也在各级各

类比赛中屡获嘉奖，据不完全统计，在2004—2015年间，学生的选修课程作品在全国、全市获奖约为2376项；

（6）选修课程的开设让学生对学科认识加深的同时也有利于学生对相关领域、相关行业的了解，进一步明确自己的专业选择和职业规划；

（7）选修课程的开设也为教师提升个人专业素质、为学校提升社会认可度提供了良好的平台。

二、前期在信息技术选修课资源建设总结

重庆一中信息技术课程从20世纪80年代开设以来，课程设置的规范性、持续性一直处于重庆市领先水平，信息技术课程的选修课也于2004年在初高中开始设置。2004—2015年，我校的信息技术选修课程已然初具规模，各内容模块基本涵盖课标内容及学生的兴趣爱好。具体建设进程如图6-1所示。

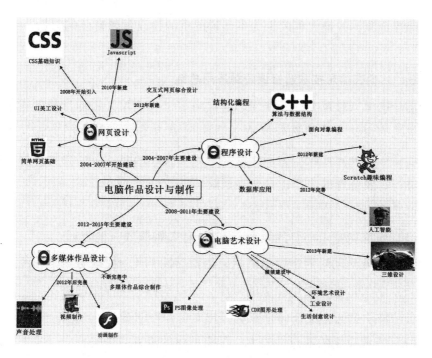

图6-1 2004—2015年我校信息技术选修课程建设进程图

在此期间，我校在信息技术选修课程资源建设方面已有教材3套，分别是《信息学奥赛辅导教程》《多媒体培训教程》《重庆一中教师多媒体培训校本教程》，教学设计与课件1232份，微课129件，课程学习网站3个，其他各类资源约2398份。但存在的问题是：

（1）资源建设随意性大，由于没有明确的选修课程体系，导致资源建设缺乏规划；

（2）资源分类不清，查找困难；

（3）资源重复过多，有的内容资源扎堆，有的内容却很难找到可用资源；

（4）很多资源是一次性使用，复用率低；

（5）资源质量参差不齐；

（6）部分资源陈旧，需要更新。

针对这一些情况，在2015年申报本课题时，我们就立足于整理本校丰富课程资源，并最大程度上为本学科的资源建设贡献自己的力量。

三、前期在信息技术选修课资源应用总结

正是由于信息技术选修课程的开设给学生、学校、教师自身都带来了不可忽视的变化，所以选修课程才会出现源源不断、生生不息的发展势头，选修课程资源建设才会如此蓬勃发展。与此同时，对已经建设出来的资源进行有效合理的应用也是迫在眉睫。

选修课程资源应用主要是在：

（1）选修课堂上需要的教案、PPT、相关视频或其他资料；

（2）课外活动时为学生提供相应的指导性PPT、视频与操作平台；

（3）学生自学时提供相应的微课、练习平台、学习网站等。

总结前期重庆一中在课程资源应用上存在的问题：

（1）资源应用的随意性较大，没有具体的流程或策略；

（2）资源利用没有达到物尽其用的效果；

（3）资源使用的时机错位导致效果不突出等。

结合重庆一中在选修课程资源建设与应用上的相关经验，并针对在此方面存在的不足，本课题的研究就显得尤为重要。

《电脑作品设计与制作》选修课对象为高中学生，但学生的兴趣各异。本项目以"三层次、四模块、二十一专项"的课程结构体系为基础，建设生态性、立体化教学资源。本课程以学生为中心，为了提高学生的学习兴趣和资源有效性，注重不同学习资源的建设，并通过课程在线资源网站加强师生之间、学生之间的交互环境建设。图 6 - 2 为本课题研究的课程资源结构图。

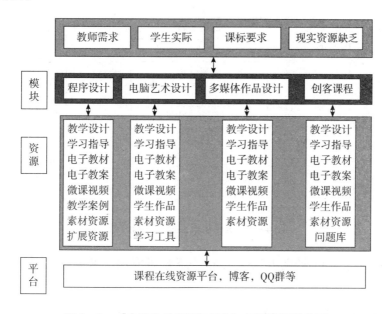

图 6 - 2　《电脑作品设计与制作》课程资源结构图

《电脑作品设计与制作》立体化教学资源建设以系统方法论、资源建设标准为指导，本着"先进性、适用性、持续性"的原则，按照"整体规划、分步实施、分工合作、反馈修改"的步骤完成资源的建设。具体的实施思路与方法如图 6 - 3 所示。

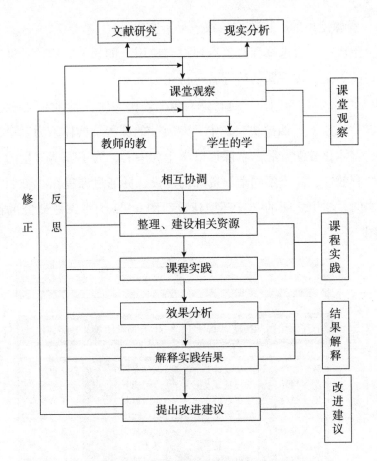

图 6 - 3　资源建设实施思路与方法

　　本课题采取的研究方法主要有：调查研究法、实验研究法、课堂观察法。

1. 调查研究法

　　本课题研究应用实地考察法、个案访谈法等方法，通过对已有的信息技术选修课课程教学模式进行调查，了解国内相关教学的资源现状。通过查阅文献，对国内外信息技术选修课教学、信息技术教学资源等相关概念和问题进行理论研究，同时通过对其他研究中相关概念的文献调研与整理分析，较清楚地了解我国目前技术课堂的现状，为进一步深入研究提供了方向。应用问卷调查法，了解教师、学生对现有信息技术选修课程资源的想法和需求。

2. 实验研究法

本项目应用实验研究法，通过课堂实践验证我们建设的相应资源是否促进了教师"教"和学生的"学"，对比实验组和对照组的使用效果，并对相关人员进行访谈及问卷调研。

3. 课堂观察法

从系统工程学、环境心理学、分布式认知、情境理论等出发对师生在相关环境下进行的课堂"教"与"学"进行课堂观察整理，并进行专家咨询，以拓展研究的视野和方法指导，为高中信息技术选修课教学的探究与提炼提出更有效的建议。

第四节 选修课程资源建设途径探索

课题研究过程如下：

1. 准备阶段

时间：2015 年 3 月—2015 年 10 月

任务：文献检索、课题申请及立项

2. 开题阶段

时间：2015 年 10 月—2015 年 12 月

任务：完成研究方案，举行开题报告会

3. 实施阶段

时间：2015 年 12 月—2017 年 12 月

任务：根据研究方案，分解实施计划，开展研究活动，完成研究任务

4. 中期推进阶段

时间：2017 年 12 月—2018 年 1 月

任务：检验前期项目实施情况，调整后期研究计划

5. 结题阶段

时间：2018 年 2 月—2018 年 6 月

任务：成果整理，课题总结，撰写研究报告，准备结题

　　如前文所述，由于《电脑作品设计与制作》选修课程涉及内容模块较多，且研究小组人力、物力、精力有限，我们在建设资源时选取了信息技术学科核心内容，即程序设计来重点打造。故下文所说的内容着重于程序设计模块的资源建设与应用模式探究，并以此为例。经过学情问卷调查分析和教师反馈，《程序设计》选修课程是学生感兴趣的内容之一，但在教学中又存在一定的难度，如学生能力水平参差不齐，多数零基础，而且学生对于编程有一定的畏难情绪，因此，我们将程序设计教学分为三个层次进行，趣味入门、代码实战、项目开发。三个层次内容层层递进，学生可逐步实现分层分流学习，满足个性化的发展和多样化的需求。

　　结合程序设计的教学经验，在充分利用选修课程资源的基础上，我们应多视角探究信息技术选修资源建设途径（见图 6-4）。

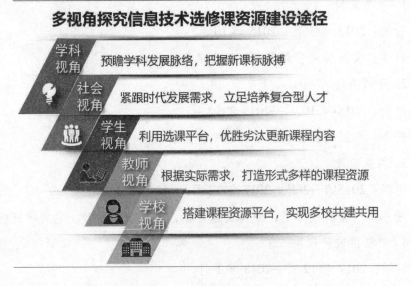

图 6-4　研究技术路线

一、学科视角：预瞻学科发展脉络，把握新课标脉搏

信息技术课程可以说是中小学所有课程中最年轻的、最有活力的课程之一，随着信息技术的高速发展，课程内容本身也在不断更新。课程标准作为课程教学的指向标，对他的分析与把握尤为重要。本次新课标的修订中，明确指出："课程内容应围绕高中信息技术学科核心素养，精炼学科大概念，吸纳学科领域的前沿成果，构建具有时代特征的学习内容。"

课标明确提出鼓励学科内容吸纳学科前沿成果，但对于这部分内容的学习并没有明确应属于必修课程、选择性必修课程还是选修课程。另一方面，将新技术新方法的学习放在必修课程中也存在一些问题与隐患，所以，将这部分内容放在选修课程中是比较恰当的选择。所以在本研究的程序设计模块中，在已有 VB、C＋＋程序语言的基础上，率先引入了适合于初学者的 Scratch 模块化编程和适合可视化的 App Inventor 手机编程（见图6－5、图6－6）。

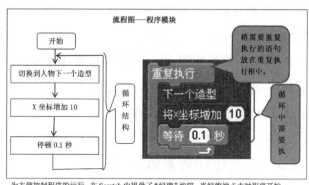

为方便控制程序的运行，在 Scratch 中提供了"绿旗"按钮，当绿旗被点击时程序开始。

图6－5　App Inventor 制作的遥控水火箭发射机器人

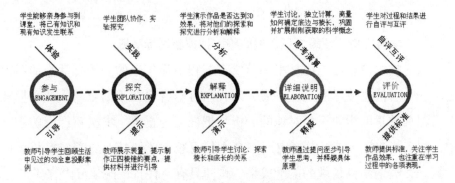

图 6 - 6　Scratch 趣味编程教材节选

二、社会视角：紧跟时代发展需求，立足培养复合型人才

教育的本质是培养人。培养符合时代发展需求，有独立个性的人才。近年来，STEAM 课程理念从国外引入，在我国迅速发展，究其本质是在多个独立的学科中建立一个桥梁，为学生提供整体认识世界的机会，引导学生重新思考了科学、技术、工程和数学的内涵及他们之间存在的关系，把学习的零碎知识变成相互联系、完整统一的系统。毕竟，学生最终面对的是一个完整的世界。

但 STEAM 课程在普通基础课程，必修课上展开是有先天不足的。开展 STEAM 课程的主战场就转移到了我们信息技术、通用技术、科技课堂上了。《电脑作品设计与制作》选修课在前期摸索的基础上，结合学科特点，率先引入了 STEAM 课程理念指导课程建设。在教学内容开发上，我们着力打造了课例 "伪全息 3D 投影的制作"，该课是一节基于 STEAM 教育理念下的课例，教师引导学生对 3D、全息等高热概念的讨论，结合具体实例，带领学生一起探索利用生活中的简单材料制作伪全息 3D 投影。本课例以模仿探究为主，故使用了基于工程设计的教学手段，以 "参与、探索、解释、延伸和评价"（5-E）的教学模式展开教学。表 6 - 1 是本课例中流程与活动设计。

表 6-1　2015 年选修课程介绍及选课要求一览表节选

1	课程名称	代码江湖——走进 VB 程序设计
	任课教师	李洪波
	课程说明	程序设计是一门学问、一项技术、一种艺术，有时它会成为一种娱乐、一种快乐、一种享受，有时却会让你倍受煎熬——当全世界数以千万计的人正乐此不疲地学习着编程、从事着编程、探讨着编程的时候，你却在哪里？ 程序设计是一种非常神奇的东西，它可以把想象转化为现实，把大脑中的虚幻事物转化为肉眼可以真切切看见的东西，当然，不光是我，还有所有愿意看见它的人，并且这东西还会按开发者的意愿去运作，我喜欢这种感觉。你呢？ 期待和你一起走进代码，走进编程，走进最简单的 VB
	选课要求	1. 对计算机程序设计有较强兴趣； 2. 能坚持善思考勤钻研； 3. 不超过 30 人
2	课程名称	Scratch 趣味编程
	任课教师	李崎颖
	课程说明	总觉得程序设计高深莫测？喜欢但又无从下手？Scratch 来帮你，Scratch 趣味编程屏蔽了程序语言的难题，通过简单的拖拽式的操作完成程序、动画、游戏、交互式故事设计。生动有趣的角色设计、灵活多变的动作脚本、简单易行的软件操作让你从零开始，并迅速爱上编程
	选课要求	1. 对编程有兴趣； 2. 不超过 30 人
6	课程名称	C++
	任课教师	金晓凌
	课程说明	计算思维如同写作能力一样即将成为每一个信息化时代公民的必备能力之一。C++语言是程序设计中应用最广泛的高级计算机语言之一，同时也是中学信息学竞赛规定的参赛语言。程序设计不仅能够提升人们的逻辑思维能力，同时也能够帮助人们解决很多生活中的实际问题。 编程可以让计算机完美实现你脑中的想法！在程序设计学习中，你会拥有卓越的计算思维，或许会爱上编程，继续深入学习算法和数据结构，成为一名光荣的 OIER（奥林匹克信息学竞赛参与人群）冲刺信息学奥赛；或许你将成为一名成功的程序员，在代码世界里自由翱翔。如果你想通过计算机改变世界，那么加入编程爱好者的队伍吧
	选课要求	1. 对计算机程序设计有较强兴趣； 2. 喜欢动手，爱动脑，善思考，耐寂寞，勤钻研； 3. 不超过 40 人

本课例获得 2016 年重庆市课例展示一等奖，相应论文发表于《中国教育信息化》杂志（2016 年 12 月）。论文全文也被转载于中国人民大学复印报刊资料 2017 年 5 期《中小学教育》（见图 6 - 7）。

图 6 - 7　中国人民大学复印报刊资料截图

三、学生视角：利用选课平台，优胜劣汰更新课程内容

《电脑作品设计与制作》选修课自开课以来，每年都有数以千计的学生选修，课程受到了学生们的热烈欢迎，经常出现一课难求的场景。根据内容我们更新了课程结构模块图（见图 6 - 8）。

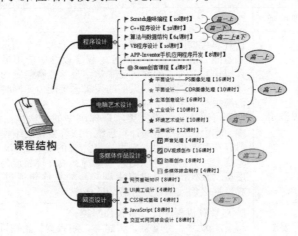

图 6 - 8　STEAM 教学流程

但是，也不是每个内容都能够长盛不衰，比如，"网页设计"内容。由于目前网页制作手段突飞猛进，在手机 App 上就能制作出精彩的页面，所以选择"网页设计"选修课内容的学生每次都少。根据选课系统的数据，及时收集学生反馈，增加学生喜欢的课程，去除不符合潮流趋势的课程是我们每年对选修课资源再建设的重要依据，也是有效办法。

几轮选课下来，我们选修课程结构也发生了变化，与图 6-1：2004—2015 我校信息技术选修课程建设进程图相比，取消了网页制作，增加了STEAM 创客课程，如图 6-9 所示。

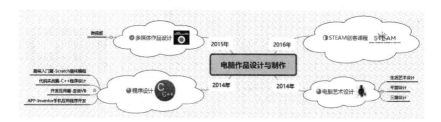

图 6-9　更新后的《电脑作品设计与制作》课程结构

四、教师视角：根据实际需求，打造形式多样的课程资源

在明确了课程内容的基础上，我们把精力放在了多样化教学资源的开发上。相比传统的课程资源，如教学设计、课件、练习题、多媒体资料视频、动画等，本次课程资源的开发更多地尝试了资源形式的创新，如课例、微课、课件、在线网络平台等让学生有更多选择。

但形式的多样也并不意味着单单为了形式。任何课程资源的设计其最终目标都是为课程教学服务的，为了学生更好地学，也为了老师更好地教。由于篇幅有限，现以微课资源为例。

考虑到学生在选修课堂上的学习时间有限，且学生的学习意愿较强，我们采用了翻转课堂的形式来展开教学，为此我们设计了相应的配套的教学微课视频。微课资源的设计也并非是一蹴而就的，具体微课资源设计开发经验在论文《好微课重在设计——〈循环结构〉系列微课的设计与制作》有详细的阐述。

图6-10 论文节选

本微课也获得了"2015年第三届全国微课程优质资源展示会"全国一等奖、"2015年第十九届全国教育教学信息化大赛微课项目"一等奖。

图6-11　《循环语句》微课截图

表6-2为本研究中开发使用的部分微课资源，不完全统计约54个微课资源，共23项获得国家级、市级奖项。

表6-2　选修课程微课资源获奖情况统计

时间	资源名称	奖项
2015.07	微课——《循环结构专题微课》	全国一等奖
2015.07	微课——《循环结构专题微课》	重庆赛区二等奖
2015.09	微课——《程序设计初步——数据类型》	重庆市三等奖
2015.10	微课——《循环结构（一）计数循环》	重庆市一等奖
2015.10	微课——《循环结构（二）直到型循环》	重庆市二等奖
2015.12	微课——《金工工艺制作技术》	重庆市一等奖
2016.10	微课——《如何是小车自动行走》	重庆市一等奖
2016.10	微课——《选择排序》	重庆市一等奖
2016.10	微课——《枚举的基本思想》	重庆市一等奖
2016.10	微课——《编写直线行走的机器人程序》	重庆市一等奖
2016.10	微课——《视频格式的转换》	重庆市二等奖
2016.10	微课——《视频音效的处理》	重庆市一等奖

续表

时间	资源名称	奖项
2016.10	微课——《制作 Flash 逐帧动画》	重庆市一等奖
2016.10	微课——《邮件合并》	重庆市二等奖
2016.10	微课——《金山快盘 360 云盘》	重庆市二等奖
2016.10	微课——《网上购票》	重庆市二等奖
2016.10	微课——《修订模式》	重庆市二等奖
2016.10	微课——《网上查找旅游资讯》	重庆市三等奖
2016.10	微课——《网上购物》	重庆市三等奖
2016.10	微课——《编辑软件——查找和替换》	重庆市一等奖
2016.11	微课——《网上购物》	全国一等奖
2017.05	课例——《枚举算法》	全国一等奖
2017.12	微课——《预防信息泄露的措施》	全国一等奖

五、学校视角：搭建课程资源平台，实现多校共建共用

资源的建设目的在于利用，更好地利用，更多地利用。所以在课程资源建设时，重庆一中搭建了在线教学资源平台，强调多校共建共用，扩充资源丰富性，提高资源使用率，现阶段已由求精中学、重庆二十九中联合开发，实现网络课程资源共享，达到优质资源利用最大化。目前该平台还在试用阶段，功能有待提高。

图 6 - 12 资源共享平台搭建中

第五节 选修课程教学模式探索

建设好资源后课题组的关注点落在了如何更好地利用上面，如何将资源用得更好，自课题申报开始就展开了摸索与探究。经过几年的调研、准备、尝试、反馈、修正、再尝试，我们在本学科的选修课程资源应用方式上有了一些自己的经验。我们试图从时间、空间、容量等不同的维度创新信息技术选修课程资源的应用模式，也以此来启发同行们做更多的尝试。

图 6 - 13 多维度创新信息技术选修课资源应用模式

一、立足课堂，打造高效活动教学

课堂教学是教学活动的主要阵地，针对选修课程来说更是如此。每周一次的选修课更需要高效地利用课堂的 45 分钟。打造高效、卓越的课堂教学是我们一直追求的目标，对此我们也做了很多的尝试，并于论文《探索一中特色的信息技术课堂教学模式》中进行了总结。论文中提出了活动课的设计与实施流程，具体请参考论文。结合重庆一中教师使用课程资源的教学反馈，我们意识到在信息技术课堂上应该从学科的特点和教学内容为出发点，以学生兴趣为起点，以活动设计为主线，组织课堂教学；让学生通过参与"活动"来获得知识体验。

该论文获得了行业专家的肯定，获得了重庆市第六届优秀基础教育著述二等奖。

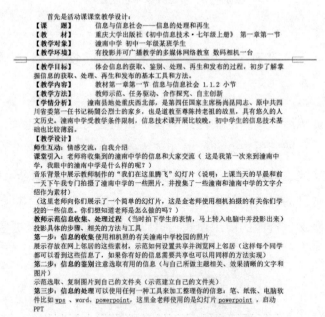

图 6-14　论文《探索一中特色的信息技术课堂教学模式》节选

图 6 - 15 论文《探索一中特色的信息技术课堂教学模式》获奖证书

二、时间维度：翻转课堂灵活学习时间，提高学习效率

课堂 45 分钟至关重要，但要想真正深入学习，45 分钟显然又是不够的。翻转课堂是指重新调整课堂内外的时间，将学习的决定权从教师转移给学生。在这种教学模式下，课堂内的宝贵时间内，学生能够更专注于主动的基于项目的学习，共同研究解决本地化或全球化的挑战及其他现实世界面临的问题，从而获得更深层次的理解。教师不再占用课堂的时间来讲授信息，这些信息需要学生在课前完成自主学习，他们可以看视频讲座、听播客和阅读功能增强的电子书，还能在网络上与别的同学讨论，能在任何时候去查阅需要的材料。

对于我们这门选修课而言，翻转课堂的好处不止于此，它更能为我们在教学时间上提供更多的保障。所以，正是由于这样的需求，我们设计开发了微课视频，并尝试应用在翻转课堂中，以达到拓展课堂时间维度的作用。

借鉴翻转课堂的优秀案例，并结合我们选修课程的实际，尝试用图 6 - 16 的形式展开教学，但仍需不断修正。

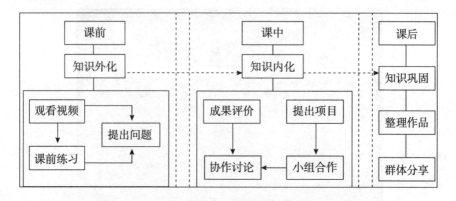

图 6 – 16   林德顺老师基于微课的翻转课堂教学流程图

三、空间维度：移动教学打破空间限制

计算思维即本次课标中所提出的信息技术核心素养。具备计算思维的学生，在信息活动中能够采用计算机的方式界定问题、抽象特征、建立结构模型、合理组织数据；通过判断、分析与综合各种信息资源，运用合理的算法形成解决问题的方案；总结利用计算机解决问题的过程与方法，并迁移到与之相关的其他问题解决中。

由此可见，计算思维作为信息技术学科的学科核心，是培养学生的关键所在，而在信息技术学科中计算思维的培养更多地体现在程序设计内容上。而程序设计的内容一般作为选修课或信息学竞赛课程内容，参与学生较少，开课时间基本在假期。考虑到学生组织、场地安排、时间统筹、学生学习需求、移动终端技术适用特点等客观原因，并结合移动学习的移动性、泛在性、灵活性、跨时空性等特点，程序设计模块的内容最终确定以移动学习的方式展开，以移动教学的方式打破课堂空间的限制，让学生在家、在外、在旅游都能学习，最大限度地扩展了学习的空间。论文《基于QQ群视频的移动教学实践》对此有详细的介绍。表 6 – 3 是基于 QQ 群视频网络平台开展初中信息学培训的基本流程及应用。

表6-3 基于 QQ 群视频网络平台功能应用及教学流程表

时间段	教学流程	使用的功能	目的
课前	分享上课课件或微课素材	QQ 群共享、云盘	课前预习，翻转课堂
	分发课前练习网址	在线问卷调查	了解学生基础水平
	提醒学生签到	QQ 群签到功能	学生签到
课中	教师讲课	QQ 群视频屏幕分享功能	学生可清楚看到教师授课内容及操作过程
	学生讨论	QQ 群聊天	图文结合方式实现实时讨论
	学生讲解、分享	QQ 群视频屏幕分享功能	学生分享自己的屏幕实现师生、生生教学互动
	资源上传	QQ 群共享	师生上传授课过程中的生成性资源
课后	作业布置	QQ 群共享、在线问卷调查、OJ 在线测评系统	布置作业、完成提交、自动评测，实时检验学习成果
	课堂视频实录共享	QQ 群共享、云盘	提供课堂实录视频，供学生课后复习
	定时练习	OJ 在线测评系统	检验学生学习效果，达到监督的目的

《基于 QQ 群视频的移动教学实践——"枚举算法"一课为例》本案例也获得了 2017 年第十届全国中小学创新课堂教学实践观摩活动全国一等奖、2017 年第二十一届全国教育教学信息化大奖赛重庆市一等奖。

四、容量维度：STEAM 项目教学增加课堂容量

新课标倡导以项目学习的方式组织信息技术课程课堂教学，达到培养学生学科核心素养的目的。新课标上对项目学习的解释是：基于项目的学习是指学生在教师引导下发现问题，以解决问题为导向开展方案设计、新知学习、实践探索，进行具有创新特质的一系列调查、观察、研究、表达、展示和分享学习成果等学习活动。具体来说，可参照图 6 - 17 来展开。

图 6 - 17 项目教学基本环节

在不断的尝试中，我们根据实际情况进行改进，构建了每个环节的具体教学策略框架，如图 6 - 18 所示。

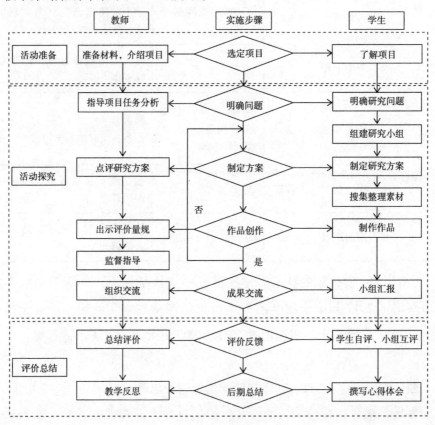

图 6 - 18 项目教学具体教学策略框架

PBL项目教学属于课堂组织形式，课程资源开发属于课堂内容，二者间仍需具体的链接纽带。经过前期的摸索，借鉴国内外成功教学案例，并跟随先进的教学潮流，我们选择了STEAM课程作为二者的具体体现形式。之所以这么选择，更是课程定位的需要，即培养符合时代需求的完整的人，能够面对现实社会中真实问题的学习者，培养学生对事物的整体认知、处理能力。这样的学习者不能仅仅定向在某一个学科领域，而应该从分科到综合。

基于此，本研究中的选修课程也试图用STEAM课程理念，选择项目教学的方式来增加课堂知识的容量，在选修课程中探索培养完整的、能够应对真实问题情境、解决实际问题的人。在这方面的探究论文《STEM课程视角下的初中科学课程教学实践——以伪全息3D投影制作为例》有详细阐述。图6-19是该论文中具体案例的课程内容与活动设计图。

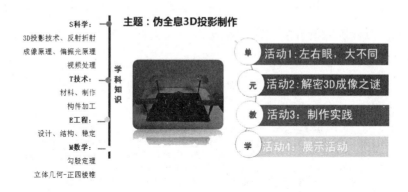

图6-19 《伪全息3D投影制作》课例内容与活动设计

本课例获得2016年重庆市课例展示一等奖，相应论文发表于《中国教育信息化》杂志（2016年12月）。论文也被全文转载于中国人民大学复印报刊资料2017年5期《中小学教育》。

第六节 选修课程资源建设成效

经过 2 年半的研究，课题组取得了形式多样、内容丰富的成果。以《循环结构》系列微课、《像玩游戏一样做 3D》为代表的优秀微课；以《伪 3D 全息投影的制作》《枚举算法》为代表的典型教学课例；以《好微课重在设计》《基于 STEM 打造技术学科卓越课堂》为代表的优秀论文；以《蓝牙 U 盘防丢器》为代表的系列优秀学生作品。该研究的一个板块《电脑作品设计与制作》选修课入选为重庆市高中精品选修课程。

课程最大的受益者是学生，通过跟踪调查部分参与过选修课的学生高中毕业后的发展得知，选修课程的确在他们的大学专业选择、职业取向及创业生涯产生了积极良好的影响及有力的帮助。参与课程开发的教师也是受益者，课程资源的开发、教学模式的积极尝试和探索，也助力了教师的专业发展和教学艺术的成长。

图 6 – 20 ~ 图 6 – 23 是部分学生的选修课学习反馈。

信息学竞赛对我来说不只是升学，而且一种收益一生的学习体验。在信息学竞赛中，老师是引路人，会告诉我们前进的方向，但是具体怎么走是自己的事情。在这之中我学会了与同学一同查找资料，讨论解题方式和测试结果，自己寻找答案。这与我之后在大学和现在工作的处理和解决问题的过程如出一辙。大学里面不会有人叫你学习和告诉你具体的问题怎么解决。而在我现在的工作中，大家不关心一个东西你会不会，而是在意你多快可以学会并且熟练的使用。信息学竞赛给了我自己分析和解决问题的能力，让我在今后的学习中获得了更好发展。

黄晓愉
重庆一中初中 2003级1班
重庆一中高中 2006级2班
清华大学电子系2006级
现任美国硅谷Google软件工程师

hxyfishhxy@gmail.com

图 6 – 20

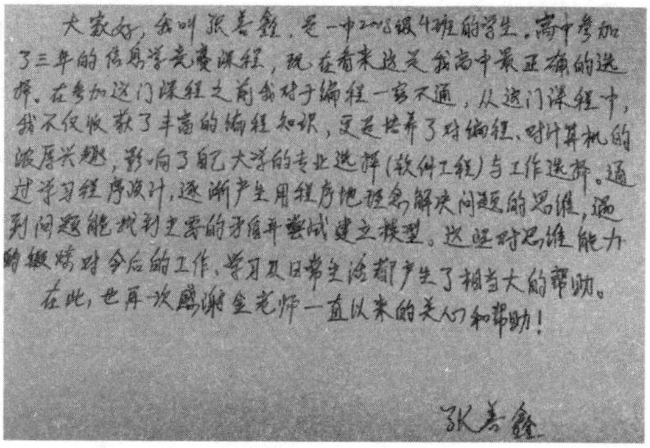

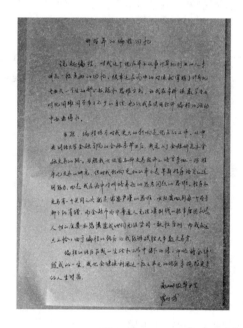

大家好，我叫张善鑫，是一中2018级4班的学生。高中参加了三年的信息学竞赛课程，现在看来这是我高中最正确的选择。在参加这门课程之前我对于编程一窍不通，从这门课程中，我不仅收获了丰富的编程知识，更是培养了对编程、对计算机的浓厚兴趣，影响了自己大学的专业选择（软件工程）与工作选择。通过学习程序设计，逐渐产生用程序化理念解决问题的思维，遇到问题能抓到主要的矛盾并尝试建立模型。这些对思维能力的锻炼对今后的工作、学习及日常生活都产生了相当大的帮助。

在此，也再一次感谢金老师一直以来的关心和帮助！

张善鑫

图 6－21

那些年的编程回忆

说起编程，对我这个现在并不从事计算机行业的人来说是一段美好的回忆。很幸运在高中的时候就掌握了计算机专业大一学生的部分技能和思维方式，让我在本科[illegible]时比同班同学多了不少的自信，也让我在使用软件编程的活动中如鱼得水。

当然，编程练习对我更大的影响是现在的工作。从中央财经大学金融学院的金融系毕业后，我走上了金融研究和金融交易的路。当然我也使用各种交易软件的语言来做一些程序化交易的研究，但对我影响更加的并不是单纯程序语言的运用能力，而是我在高中时所培养起的思考问题的思维。程序和交易有一个共同之处就是需要严谨的思维，[illegible]到每一个细节都不能有错。而金融市场中普通人无法赚到钱的根本原因就是人性的贪婪和恐惧造成他们无法坚持一致性原则，而我[illegible]由于编程的经历让我能够战胜大多数交易者。

编程的经历在我一生的求学工作中留下的印象，[illegible]将会伴随我的一生，我也会继续利用这一段宝贵的经历来挖掘更多的人生财富。

高[illegible]级毕业生

[illegible]

图 6－22

写给对IT感兴趣的人

前戏，先简单自我介绍一下，高中在金老师鼓(hu)励(kou)神(po)式(xin)的领导下搞了几年竞赛，拿了一块铜牌，08年从一中毕业，因为竞赛的关系，保送到北大信科，12年保了本校的研，今年就从学校滚蛋了，下一站是内蒙游戏。

进入正题，老生常谈，兴趣最重要！

记得高中的时候，竞赛虽然一直号称是兴趣副业，但其实一直因为加分保送作为一条升学的捷径（什么？已经不加分了？不要在意这些细节），这确实是一条路子，但如果你一开始就打定了这样的算盘，那它的意义也就止于此了。我是一个特别享(ai)受(wan)生(ren)活(xing)的人，当写一个我写的程序，按照我的意志做我想做的事情的时候，那种乐趣加成就感，就是我的兴趣。我写简单的小游戏五子棋、扫雷、弹球、打飞机……我也为我玩的游戏自制脚本，也做过火车票抢票器，也为女朋友做过创意表白的手机游戏……很多人觉得程序猿的生活，就是码码码，但其实，你能做的超乎你想象！编程序和其他竞赛不同的地方在于，在这里你学到的是使用电脑的方法，你能用它做的事情太多太多（再比如把图 8 的字体伪装成手写完成金老大布置的任务）。好吧好吧，至少在妹子（或者男神）电脑有了问题的时候就能挺身而出吧！

IT行业（像极猿和一样），是一个真正靠技术改变世界的行业，从支付宝到电商，从零智能到人工智能，不管是背后的技术，还是前台的产品app，不要怀疑，你的团队正做的事情，就是改变这个世界。在国内部分，IT行业都是待遇相当不错的行业，这意味着，你完全可以靠这个过上稳定的生活，并且给你做爱做的事（嗯，对于技术控就是能支持我周游世界的生活、想玩就玩的游戏和说走就走的旅行）。

好吧，YY了那么多，是时候再聊一下，高中学编程到底有多少用了。

真的很有用！！！

我知道，我要是告诉你现在就开始学编程，很有用，你一开始一定是，是拒绝的。因为不能我跟你说，很有用，你就相信了。但是真的没有一门竞赛，像计算机一样，对你的大学、对你的工作影响如此之大。这么说吧，基本上，只要是搞过竞赛的人，大学计算机编程方面的基础课程你就都学会了，其他深层次的专业课，你也可以很快的上手，找工作的时候，所有大公司都愿意招有过竞赛背景的童鞋。而IT行业，也是我所知的唯一一个，就算你其他一切学科、考试一团糟，但是实际动手能力够强就可以进来的行业，每一个学校的教授，每一个公司的HR，都更关心你的实际动手能力。而怎么提高这样的能力呢？早起步，多练习，基本上搞过竞赛的人，在大学里，找工作就是天然的有优势。

生活就是不公平的，假如你不是富二代、官二代、红N代，现在开始努力吧！如果你确定你对编程感兴趣，对于程序猿的生活感兴趣，现在开始学好编程吧！

嗯，推荐一下我们实验室做的工具吧，

扫描右侧二维码可以制作属于你自己的字体哦~！

所以，做一个程序猿还是很强大了~！

沈玲川 2015.06.08

图 6－23

从参与课程学习的学生反馈来看，其个性得到彰显、特长得以发挥，学习作品参赛获奖，甚至提前保送至理想大学；从参与研究的教师的成长来看，本课题研究促进了其专业化发展，教学设计能力及教学艺术得以提升，校内校外赛课屡次获奖；资源平台的开发也为学校信息化建设做出贡献。

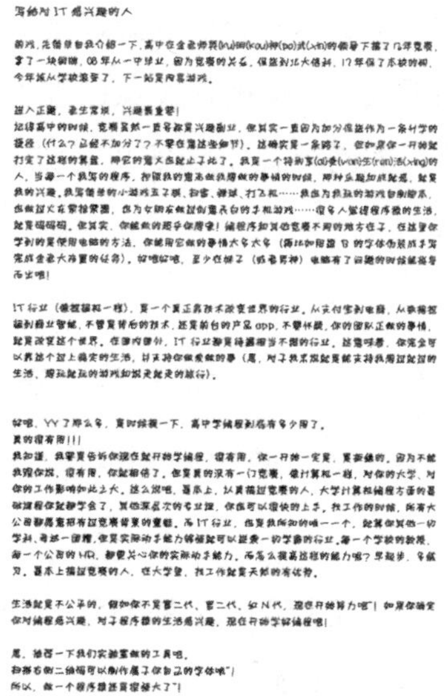

本研究所涉及的教学模块资源建设任务重，限于时间和人力，只能重点选取部分模块建设；期望能形成经典化、系列化的教学资源；课程资源开发与时俱进，课程内容更新投入较大，研究稍显力不从心，教材仅停留在电子版阶段，迟迟未能付印；如果能持续投入，更多教师能参与课程资源开发、共同建设，就能保障课程资源的不断更新和自我完善；随着资源积累日渐丰富，所开发资源平台的后期维护工作堪忧，能否考虑建立一套机制保障资源平台的持续完善，实现更大范围的资源共建共享，共同推动信息技术学科的课程建设。

课题组成员通过培训讲座、示范研讨课、帮扶送教、发表论文等多种形式传递着本研究的资源建设理念，检验资源使用的有效性，推广资源建设的方式。本课题研究虽已进入尾声，但研究似乎永无止境。希望本研究能为广大同行提供切实可行的资源建设途径参考，尝试更多的资源使用方式。

第七节　选修课程资源典型案例

一、程序设计选修课程——趣味入门篇
【内容节选】

第四节　点名神器——认识变量

作品设计：点击鼠标左键进行计数统计，数值增加 1

背景：图片背景

角色：数字（0~25 各个数字造型）

图 6－24　程序界面

【问题来源】

本案例来源于一位学生的创客作品，虽不够完美，但也初具创客精神。每次我们上音乐课或信息课，老师都要点名，通常要花费很多时间，有没有一种设备可以在同学们进教室的时候就能完成点名呢？当一个同学进入教室的时候，只要触碰某个开关，就能进行人数统计。

【作品分析】

这个作品的本质是当点击一次鼠标时，屏幕上的计数器加 1。计数器的初始值为 0，其本质就是变量，与此同时，播放一次声音和进度条加 1，还可以加入计时器，统计在规定时间内统计的数目。

这计数器的功能如下：

1. 当点击小绿旗，计数器 number 值清 0；

2. 当按下鼠标左键，计数器 number 值 +1。

【知识点】

（一）深入了解变量的意义

变量

程序输入的数据，程序运行过程中的中间数据、程序的输出数据，都会以变量的形式存储，而变量的实质是对应计算机内存的某些存储数据的单元。形象地说，变量可以看成一个"盒子"，里面可以装数据。变量的名称可自己定义，最好是英文。

（二）能够熟练地创建变量，为变量赋值

变量赋值

变量，顾名思义，它里面的数值是可以变化的。给变量指定一个新的数值的过程就是变量的赋值。

图 6-25　实际应用场景

【作品实现】

（一）导入背景与角色

导入舞台背景，新建数字角色和进度条角色。注意数字角色中有 25 个造型，分别是 1~25 的数字。

（二）申请变量

申请计数器变量 number，点击数据模块—新建变量—输入变量名称—生成变量语句。

图 6-36

（三）搭建程序框架

根据分析我们可以很容易地画出如下的流程图。

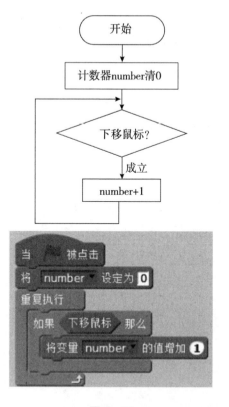

图 6 – 27

请编写程序，验证是否达到要求。你发现了什么问题呢？

【发现问题】

我发现的问题：

1.

2.

3.

……

可能会出现以下几个问题：

1. 当开始程序后，每次点击鼠标，变量 number 增加不止 1；

2. 每次点击鼠标，number 的增值不一样。

【分析问题】

1. 首先我们要明确什么是点击鼠标一次。顾名思义，点击鼠标左键包括两个步骤：第一步按下鼠标左键，第二步松开鼠标左键 下移鼠标 仅仅是按下鼠标左键的意思，也就是这句代码仅完成了点击鼠标的第一步。

2. 既然代码中的条件是如果下移鼠标，则"number + 1"，那么虽然我们实际完成的动作是点击鼠标一次，但这个过程中也包含了下移鼠标这个操作，那么理应"number + 1"。为什么 number 值会增加无数呢？请注意如果语句外层还有一个重复循环。也就是说当我们鼠标按下之后，在还没有松开鼠标之前，"如果"语句执行完一次，"number + 1"，此后程序检测到我们仍没有松开鼠标，所以又执行一次，如此循环，"如果"语句在"重复执行"里执行了无数次，所以 number 值被加了无数次 1。

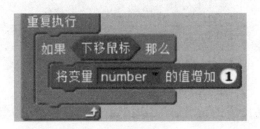

图 6 – 28

3. 有同学觉得奇怪。"我点击一次鼠标，按下鼠标的时间不超过 0.01 秒，这么短时间循环里的语句就会运行几千次吗？"这里同学们还记得计算机的运行速度吗？

计算机运行速度

运算速度是衡量计算机性能的一项重要指标，计算机每秒要处理百万级的机器语言指令数。一般采用主频来描述运算速度，主频越高，主频越高，运算速度就越快。

一般个人计算机以每秒百万级的运算速度，所以即使只有 0.01 秒，那么也会运算 $0.01 * 1000000 = 10000$ 次。

（四）逐步细化

如何解决呢？从控制点击时间下手显然不能达到要求。我们能否真正实现完成一次点击鼠标后 number + 1。这就需要我们加入点击鼠标的第二步——松开鼠标左键这一动作。也就是说当我们按下鼠标后，只要还没有松开鼠标，都不能算是完成一次点击鼠标操作。如何设定松开鼠标呢？很简单，只要"下移鼠标"这个条件不成立，也就意味着松开了鼠标。

下移鼠标 不成立 ＝松开鼠标

所以在这个松开条件成立之前，程序就一直等待着，直到这个条件成立后才执行下一句 **在 下移鼠标 不成立 之前一直等待** 将这句加在"如果"语句里，number + 1 之前。随后我们加上进度条、声音和数字的效果，我们就可以完善之前的流程图了。

（五）检验程序

完成程序后，请自己检验程序，看能否达到效果？

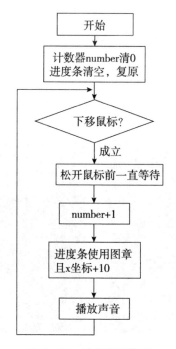

图 6 - 29　计数器流程图

【要点提炼】

1. 什么是变量；

2. 如何进行变量赋值；

3. 变量的运算包括哪些。

【课后练习】

新学期开始了，班里又要进行班委选举了，这次总共有3位同学竞选班长，分别是小红、小英、小明，全班50名同学都有投票权，且每人有且只有1票。请根据今天所学的变量，参照计数器程序编写一个投票器，帮助班主任完成这次投票选举。

提醒：这里有3个人作为候选人，相应的就应该有3个变量哦！

当然，同学们还可以尝试这些投票器，试着总结其中的共通性！

【拓展延伸】

今天我们制作了点名神器的程序搭建，点击鼠标实现功能，为了真正实现进门点到的功能，我们可以将鼠标的功能用脚踏开关实现，通过在进门的时候踏上脚踏开关实现计数。这样一个软件硬件结合的创客作品就诞生了！

（一）硬件准备

选择最常见的鼠标和脚踏式开关。

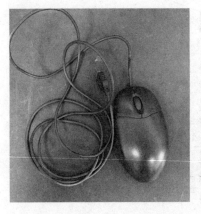

图 6-30

（二）硬件连接

将鼠标的电路板拆下来，并用导线与引脚相连。主要用到了鼠标左键的功能，从引脚接线，连接到脚踏开关。

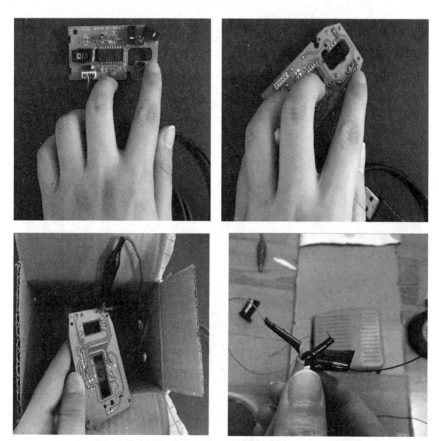

图6－31　硬件连接过程图

（三）软硬件结合组装

将软硬件连接，并放置在相应位置，调整好。为方便演示，我特地用木条做了一个门框，在此过程中，也锻炼了使用钢锯、搭结构，并使得结构稳定的能力。为方便美观，所有连接线均需要隐藏起来。

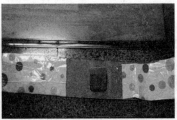

图 6 – 32

（四）测试

最后进行测试，请了几位同学、老师帮忙一起进行测试。总的来说能够达到要求，当学生进门时踏上脚踏开关进行计数，从而达到点名的目的。同时结果也在显示屏上实时播出。

图 6 – 33

【教师点评】

这位同学从实际出发，设计开发的这款点名神器，应用了所学的程序结构完成设计，也使用了常见硬件，是一个相对比较完整的作品。在测试过程中也发现了一些问题，例如，如果进门时多次踩踏开关，将会进行重复计数，而有的同学如果不踩开关无法计数。此外，由于资金有限，所购买的脚踏开关是最简单的，如果是嵌入式开关效果更好。这些问题可通过加入摄像头同步计数的方式解决，这也是下一步要完成的工作。

【作者感悟】

创客，在我的理解里，应该是自己动手，使用生活中常见的设备来完成一些创意作品，而非是购买已有的套件，进行组装得到看似精美的东西。创客，重在创，所以这个作品中创意来源于实际生活，所使用的设备也都是我们能够拿到的，虽然不够完善，不够精美，但这也为我之后的学习打下了良好的铺垫。

二、基于 QQ 群视频的移动教学实践——"枚举算法"教学设计

【基本信息】

学校：重庆市第一中学校

课名：程序设计——枚举算法

教师姓名：李崎颖

学科（参考版本）：重庆大学版九年级信息技术

章节：第三章第一节

对象：初三部分学有余力的学生

学时：1

【教学目标】

1. 了解枚举算法的基本思想；

2. 熟悉枚举算法的 3 个步骤；

3. 能够根据题意分析并套用枚举算法进行解题。

【学习者分析】

学生都具备了 C＋＋程序语言基础，且都为自愿参加学习，积极性较高。在上课前已经自学了微课，并完成了相应的课前练习。

【教学重难点分析及解决措施】

1. 学生在初学时很难根据题意分析出枚举算法的三个关键点，故我会先进行演示并利用群视频的方式让部分学生带领大家读题、分析；

2. 学生分析出枚举算法的三步骤后往往就不知道如何进行优化操作，这时我会充分利用群聊天的功能引导学生开展讨论，让学生自己总结归纳。

【教学设计】

表 6－4

教学环节	起止时间	环节目标	教学内容	学生活动	媒体作用及分析
课前：分享微课视频《枚举算法》		让学生提前学习，实现翻转课堂	学生初步了解枚举算法的基本思想	观看微课资源	云盘共享微课资源
课前：学前练习		了解学生基础水平，便于安排课程内容	学生学习微课后的基础检测	完成在线问卷调查	在线问卷调查统计分析学生基础水平
课堂引入	00：48～02：14	突出枚举算法的重要性	教师列举并分析 2010—2015 年 NOIP 普及组的第一、二题，发现枚举算法的出现频率非常高	学生通过课前的练习，跟着教师一起对题目进行分类	QQ 群视频屏幕分享功能，师生分离，学生仍可清楚看到教师授课内容及操作过程

续表

教学环节	起止时间	环节目标	教学内容	学生活动	媒体作用及分析
内容回顾	02：15 ~ 09：11	引出枚举算法的基本步骤	教师引导学生回顾在微课中所学的枚举算法的基础	学生观看教师屏幕，并通过语音方式实时参与到讨论中	QQ群视频屏幕分享、语音聊天功能，达到师生实时互动的目的
教师组织学生分析与讨论	09：12 ~ 21：02	深入理解如何根据题意分析，并恰当使用枚举算法	教师组织学生讲题与讨论	学生1讲解课前习题，2012NOIP普及组—质因素分解	QQ群视频屏幕分享功能，学生利用群视频分享自己屏幕给其他同学，并利用画图讲解自己的思路，演示操作步骤，实现师生、生生教学互动
				其他同学就刚刚学生（一）所提供的解题方法进行讨论，教师进一步引导如何进行程序优化	QQ群聊天功能，师生利用图文结合方式实现实时讨论
教师小结	21：03 ~ 35：36	归纳、总结、提炼	教师总结枚举算法的优化剪枝的方法，并引导学生利用这种方法解决2013NOIP普及组计数问题	学生结合图文听讲	QQ群视频屏幕分享功能，教师分享屏幕，进行内容讲解

续表

教学环节	起止时间	环节目标	教学内容	学生活动	媒体作用及分析
学生练习	35：37～40：05	练习巩固	引导学生完成题目—2013NOIP普及组计数问题	学生做题	学生利用自己电脑编写代码
学生分享	40：06～40：30	分享讨论	教师组织学生讨论	学生讲解、分享	QQ群视频屏幕分享功能，学生分享自己的屏幕，分享自己的解题思路
课后：师生资源上传		生成性资源共享	教师将本节课的生成性资源（如程序框架、代码、流程图等）上传到群共享的课程文件夹中	学生将本节课的生成性资源（如程序框架、代码、流程图等）上传到群共享的课程文件夹中	QQ群共享功能，师生上传授课过程中的生成性资源，达到资源共享的目的
课后：课后习题		巩固学习效果	教师布置课后习题	学生完成题目	OJ在线测评系统，利用评测系统自动评测习题，实时检验学习成果
课后：课堂视频实录共享		针对性巩固、复习	教师上传课堂视频实录	根据需要观看课堂实录	使用云盘，提供课堂实录视频，供学生课后复习
课后：定时练习		检验学习效果	教师布置定时练习题目	学生定时练习	OJ在线测评系统，检验学生学习效果，达到监督的目的

三、校本教材《程序设计》《电脑艺术设计》节选

（一）程序设计

趣味入门篇——Scratch 趣味编程

【目录】

【内容节选】

什么是流程图?

流程图使用特定的图形符号加上说明，表示算法是一种极好的方法，对准确了解事情是如何进行的极有帮助，因为千言万语不如一张图。

表6-5　流程图图形符号

符号	说明	符号	说明
圆角矩形	起止框	菱形	判断框
平行四边形	输入输出框	矩形	处理框
方向箭头	流线		

由此我们可以画出这个作品的流程图，如图6-34所示。

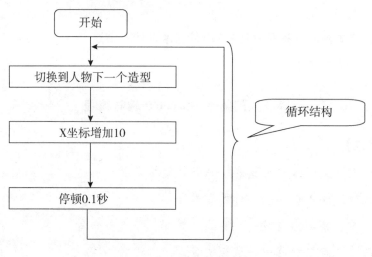

图 6 - 34　流程图

【知识点】

（1）能够用流程图描述程序框架。

（2）熟悉循环的基本结构和核心要素。

【脚本设计】

Scratch 把程序命令归为动作、控制、外观、侦测、声音、数字和逻辑运算、画笔、变量，并用颜色分类，将程序命令用拖拽式的方式移动到脚本区，完成编程。根据前面流程图分析，我们对该动画所需的关键代码已经确定，主要有循环结构、造型切换、移动动作、时间停顿。所对应的程序命令如图 6 - 35 所示。

图 6 - 35

下面我们根据流程图编写程序。点击"角色机器人"，在其脚本区中完成编程。

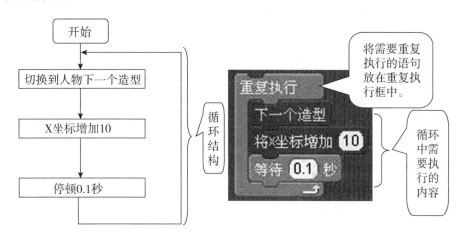

图 6 - 36 程序模块流程图

为方便控制程序的运行，Scratch 中提供了"绿旗"按钮，当绿旗被点击时程序开始。

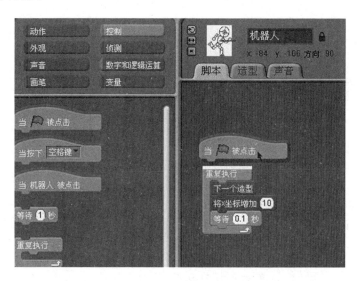

图 6 - 37 "绿旗"按钮界面图

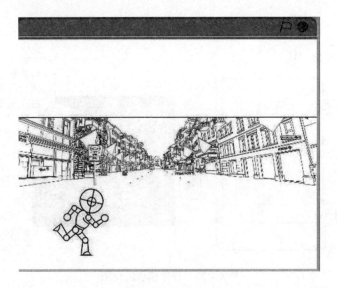

图 6 - 38　程序开始

代码实战篇——C + + 程序设计

【目录】

第八节 大海捞针——暴力的搜索方法

【内容节选】

第一节 A+B problem

程序设计：用 C++ 语言编写程序实现 A+B=? 的简易加法运算

软件平台：DEV C++

界面：程序运行出现两个数字相加之和的算式。

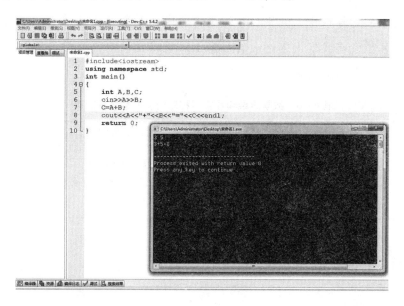

图 6-39 程序界面

【教学目标】

作为 C++ 程序设计的第一节课，其实很大一部分知识就是给学生讲清楚 C++ 语言的基本结构和框架，其实在这个 A+B 问题中，真正需要的运算程序只有一句。对于初学者来说，短时间内掌握框架的使用是一件容易的事情，但是在这节课里边，我们还是要求学生深刻地认识体会变量和变量类型的作用与意义，明确程序的顺序执行过程。感受数学与计算机的紧密关系。

【问题分析】

1. 数学思想与计算机思维的转换

根据数学上对于加法的运算实现，我们大概可以分为以下几个步骤：

（1）写出两个加数；

（2）计算两个加数之和；

（3）写出两个加数之和。

对应到计算机中，其实计算的逻辑顺序也是如此，只是不一样的地方在于计算机没有我们人脑这么聪明能干。所以我们对比数学思维和计算机思维解决问题的方法如下：

表 6-6　数学思维和计算机程序解答问题方法对比

数学解决问题的思路	程序解答问题的三段论
①写出两个自然数； ②求两个自然数的和； ③写出它们的和	①输入数据； ②解答方法（算法）； ③输出答案

2. 程序的实现方式

（1）直接给 A、B 赋值。

对于计算 5+3 的和，令两个加数 A=3，B=5，则 A+B=8。在程序实现过程中，无法直接实现数字相加，需要将两个数字分别存入两个未知数（变量）中，才能执行运算。变量可以形象地理解为数学中的未知数，对于变量可以采用直接赋值法，采用运算符"="来实现。如：

　　　int A，B；

　　　A=3；B=5；

其意义在于将变量 A 后面的数值 3 存入变量 A 中，同理将 B 后面的 5 存入变量 B 中，注意："="的赋值使用规则是将"="后面的内容赋值到"="前面的变量中。

（2）输入 A、B 的值。

对初学者，常用 cin 和 cout 这种输入输出流来进行数据流动。对比之前学习英语的基础，记住这两个操作易如反掌。

程序框架的认识：在我们所有的程序中都会出现一个同样的框架。

```
#include<iostream>
using namespace std;              执行内容
int main()
{
    int A,B;
    cin>>A>>B;
    cout<<A<<"+"<<B<<"="<<A+B<<endl;
    return 0;
}
```

图 6-40　程序框架

黑色部分的内容为基础的 C++框架，可以理解性记忆。

（3）程序的顺序结构。

在程序书写过程中，往往会出现一些输出答案错误。在初学者中，引起这样的错误多由于程序的顺序执行，而不正确的语句顺序会导致各种各样的错误。

如：

```
#include < iostream >

using namespace std;

int main ( )
  {

      cin > >A > >B;

      int  A = 3, B = 5;

      cout < <A < <" + " < <B < <" = " < <A + B < <
endl;

      return 0;

  }
```

典型的错误，程序运行过程是由上而下执行，在对 A 和 B 进行输入时，我们会发现根本没有定义变量 A 和 B。所以，在写程序时，应当注意程序的结构自上而下执行，如有变量输入，应首先定义变量，再进行运算和处理，最后才是输出。

3. 数据大小对程序中执行内容的书写要求

通过上面这个程序，我们发现，当我们需要进行数据的输入时，通常会像数学中设未知数一样定义几个"变量"——在计算过程中可以变化的、可以存储数据的量。但是程序实现过程中，我们的数据量一旦过大，输出的数据往往会出错，这是什么原因呢？

这是变量类型惹的祸，计算机中声明定义的变量可不像数学中的未知数一样可以表示小数、整数、上千亿的数和其他一些类型，计算机中的变量"比较专一"。如果我们事先定义的变量 a 是一个 int 类型，这之后计算过程中，a 里边就只能存入整数。然而计算机中的整数约定范围不能超过 2×109。所以对于大数据，我们要定义为一个能够容下更大数据的数据变量类型，这个类型叫作"长整型 long long"。

而对于计算机中存在的小数间的运算，专一的整型变量依然不会买账，所以，我们得学会定义专一的小数型变量，通常定义为"double"。

【知识点】

（1） C＋＋的程序框架；

（2） 计算机中的变量类型；

（3） 程序的自上而下顺序执行结构。

开发应用篇——VB、App-Inventor、Mixly

（一） 走进 VB

【目录】

【内容节选】

第六课　趣味弹球游戏
——鼠标和键盘事件

一、课程导引——设计趣味弹球游戏

一只红色的小球在箱子中不停地弹跳，你要适当地移动下面的板子挡住，别让它掉下来。相信许多人都玩过这样的游戏，你有没有想过自己编一个来玩玩呢？

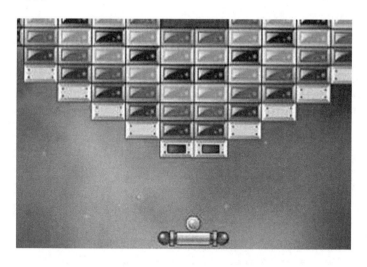

图6-41　弹球游戏界面

在弹球游戏中，小球在向上或向左右方向弹跳时，碰到墙碰壁就随机选择一个方向反弹。在箱子的下部有一可左右水平移动的挡板，当小球接触挡板时，小球随机选择方向反弹；当小球向下弹跳挡板没有接到小球时，游戏即宣告失败。为了增加游戏的趣味性和难度，我们可以设置一个积分制，当小球每次接触挡板时，积分增加5分，得分100时游戏结束。

二、"弹球"游戏界面设计

根据"课程引导"中对弹球游戏的玩法和规则说明，我们需要在窗体上放置如下控件：

（1）一个 PictureBox，游戏窗口，里面放置小球和挡板；

（2）一个 Sharp 控件，画小球；一个 Line 控件，画挡板；

（3）一个 Lable 标签控件，显示"得分"；

（4）一个 Textbox 控件，用于显示得分的分值；

（5）一个 Timer 控件，控制球的移动；

（6）两个 CommandButton 控件，开始（游戏开始后也可用于暂停和恢复游戏）和结束按钮。

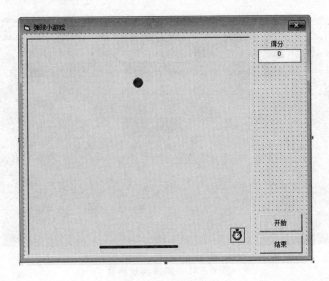

图 6-42　游戏界面

各个控件的主要属性设置如下表所示：

表6-7　各个控件的主要属性设置

控件	属性	值	说明
Form	Caption	弹球游戏	
	StartupPosition	2—屏幕中心	窗体启动时显示在屏幕中央
	MaxButton	False	窗体不出现最大化按钮
	MinButton	False	窗体不出现最小化按钮
PictureBox	Name	picGameWindow	
Shape	Name	Ball	
	BackColor	&H000040C0&	设置小球的颜色
	BackStyle	1-Opaque	设置背景色填充方式
	BorderStyle	0-Transparent	设置小球边框色为透明色
	Width	300	
	Height	300	
Line	Name	Plate	
	BorderStyle	1-Solid	
	BorderColor	&H00004080&	设置挡板颜色
	BorderWidth	5	设置挡板高度
Timer	Name	Timer1	
	Interval	100	小球弹球的时间间隔，单位为毫秒
	Enabled	False	初始时小球不弹跳

三、自我拓展——VB 中的控件 2

上次课我们在"自我拓展"中给大家介绍了 VB 中的一些标准控件，本节课我们再来详细介绍一下开发"弹球游戏"需要用到的两个控绘图控件：Shape 和 Line 控件。

图形和图像可以让应用程序的界面更为美观，一个优秀的应用程序拥有漂亮的外观可以让用户的体验更友好。VB 中提供了两种图形控件：Shape 控件和 Line 控件。

Shape 控件在 VB 中可以直接绘制矩形、正方形、圆形等，或者在程序

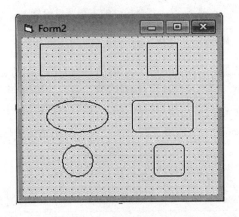

图6-43 图形控件

运行时设定 Shape 控件外观，它主要使用 Shape 属性来改变图形样式，如表6-8所示。

表6-8 Shape 属性设置表

常数	设置值	说明
vbShapeRectangel	0	矩形
vbShapeSquare	1	正方形
vbShapeOval	2	椭圆形
vbShapeCircle	3	圆形
vbSharpRoundedRectangle	4	圆角矩形
vbShapeRoundedSquare	5	圆角正方形

设计时可以手工调整控件的尺寸；运行时可以通过设置控件的 Width 和 Height 属性来调整控件的宽度和高度。设计和运行时都可以通过 Border-Color 和 FillColor 属性来设置其边框色和填充色。

Shape 控件主要属性有 Shape、FillStyle、FillColor、Top 和 Left。Shape 是用来设置图形样式的，有矩形、正方形、椭圆形、圆形、带圆角的矩形和正方形，等等；FillStyle 用来设置填充的样式，如设为"1"，即 Transparent，便为一个透明即空心的图形，而"6"即为方格填充，还可以设置为斜线、水平线、垂直线填充；FillColor 用来设置填充的颜色；Top 和 Left 属性用来设置 Shape 控件的位置，在"弹球游戏"中，用来控制小球的移动和判断是否达到了反弹的条件。

（二）App-Inventor 手机应用程序开发

【目录】

【内容节选】

遥控水火箭发射机器人（与乐高 EV3 的通讯）

作品分析：

水火箭是初中阶段科技课中非常有意思的项目，通过在饮料瓶中充水和高压气体，释放阀门的时候，"火箭"就可以发射到天上去了。然而，传统的发射方式需要手动打气，有一定的危险性，所以可以制作手机遥控的 EV3 机器人发射车来发射水火箭。

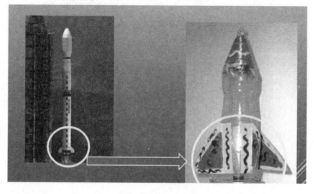

图 6-44　水火箭

App-Inventor 有专用的乐高机器人相关的组件，可以控制 NXT 和 EV3 两种主控器下的机器人，囊括了各种传感器和全部马达的控制。用 App-Inventor 建立手机与 EV3 的蓝牙连接，然后通过这些组件就可以控制 EV3 机器人的运动了。

【知识点】

（1）学会使用蓝牙客户端建立与 EV3 的连接。

（2）了解 App-Inventor 的乐高机器人组件。

（3）学习 EV3 搭建水火箭机器人发射车。

【作品实现】

1. 硬件制作

（1）设备需求：EV3 机器人套件（可选设备：VEX 气泵 * 2、气管、单向阀若干）。

（2）机器人制作，本例中 A 马达用于调整发射台的角度；B、C 马达用于控制机器人前进、后退和转弯；D 马达用于充气；E 马达用于释放水火箭。

图 6-45 EV3 小车

2. 手机端 App 制作：界面设计

（1）重要组件。

列表选择框：用于绑定蓝牙设备。

用于控制发射车移动的按钮 4 个：前进、后退、左转、右转。

用于控制发射台角度升降的按钮 2 个：升、降。

用于释放水火箭的按钮 1 个：发射按钮。

蓝牙客户端 1：用于与 EV3 建立连接。

EV3 电机控制器 4 个：分别控制 4 个端口的马达。

为了合理地安排按钮位置，还需要使用表格布局。

界面参考如下：

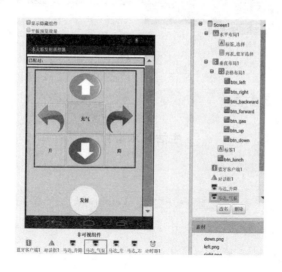

图 3 –46　App 界面

（2）重要组件属性。

表 6 –9　组件属性

组件	属性	属性值	说明
马达_ 升降	电机端口	A	发射台角度调整
马达_ 左	点击端口	B	左轮

续表

组件	属性	属性值	说明
马达_右	点击端口	C	右轮
马达_气泵	点击端口	D	正向电压充气，反向电压释放水火箭
	允许反向	勾选	

3. 编程

初次打开程序时需要初始化蓝牙选择列表，并自动打开选框，用于选择 EV3 对应的蓝牙设备：

图 6 - 47

（二）电脑艺术设计

生活艺术设计

【目录】

【内容节选】

作品设计：

使用 sketchbook 软件绘制侧面视角的沙发。

图 6 - 48　sketchbook 软件沙发绘制图

作品分析：

我们先观察一下，图片上的沙发跟上一节课的沙发的区别在于视角发生了变化，我们的视角从正面变成了侧面。此时物体仅有一条垂直的轮廓线与画纸平行，另外两组水平的主向轮廓线均与画面斜交，于是在画面上形成了两个灭点，在此时的情况下，我们可以选择使用两点透视工具来协助完成绘制。

【知识点】

一点透视我们可以理解为立方体放在一个水平面上，正面的四边分别与画纸的四边平行时，上部朝纵深的平行直线与眼睛的高度一致，消失成一点。而两点透视就是立方体的四个面相对于画面倾斜成一定角度时，往

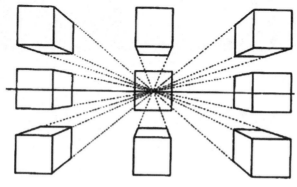

图 6 - 49　一点透视

纵深平行的直线产生了两个消失点。

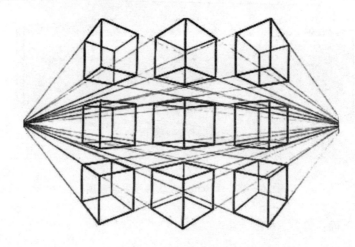

图 6 - 50　两点透视

两点透视需要通过延长线确定好两个消失点，然后两点成线确定辅助线的水平位置。

作品实现：

（1）打开 sketchbook 软件，点击透视导向工具——两点模式。设置好辅助线以及灭点的位置。

图 6 - 51

（2）绘制沙发框架：沿着辅助线，根据预设的长宽高设置绘制。然后勾出边角部分，用橡皮擦擦去多余线条。

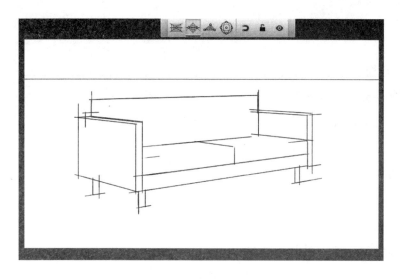

图 6 – 52

小贴士：椅背部分为斜面，会有一定的视觉差，不能用平均分的方式来确定中点，可通过对角线的方式来确定。

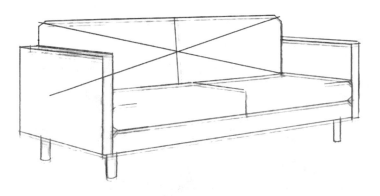

图 6 – 53

（3）填充颜色

同上节课一样，可选择喷笔、画笔等方式进行上色。

小贴士：涂抹不均匀可用涂污工具进行修改。

平面设计

【目录】

【内容节选】

设计理念是根据电脑鼠标箭头进行创作，颜色主要从暖色渐变到

图 6-54　第十五届中小学生电脑制作大赛效果图

冷色。

第十五届中小学生电脑制作大赛VI设计

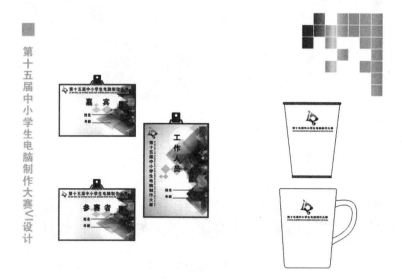

图 6 - 55　品牌/杯子效果图

第十五届中小学生电脑制作大赛VI设计

图 6 - 56　广告牌效果图

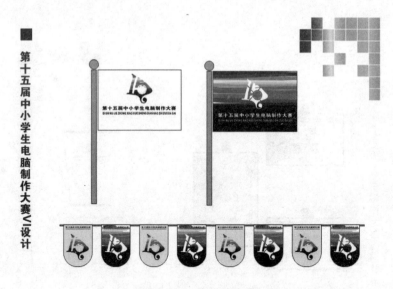

图 6 – 57　旗帜效果图

软件的运用：

这堂课我们主要学习通过 CorelDRAW 软件进行 VI 三要素设计：
我们首先要制作 LOGO，然后进行文字的设计，颜色的搭配。

三维设计

【目录】

【内容节选】

第二课　从花瓶开始

冬日的腊梅格外诱人，可是没有一个漂亮的花瓶，腊梅便少了些许生机。现在我们一起来制作一个能存放腊梅的花瓶。

学前准备：

先确定自己要做一个多大尺寸的花瓶。

学习重难点：

制作一个花瓶形状的截面图，"圆弧"工具的使用。

使用"路径跟随"使一个平面沿着路径生成一个立体图形。

学习步骤：

问题一：如何画一个花瓶的截面图。

1. 以坐标原点为圆心，画一个半径为8cm的圆。使用工具：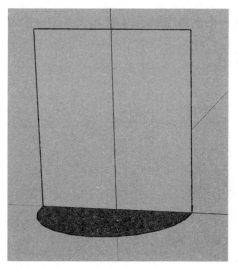，在尺寸栏里输入80，默认单位为毫米。

2. 再以圆在红轴上的直径为一边，用矩形工具拉出一个高度为180cm的矩形，作为制作花瓶横截面的辅助平面。该矩形的尺寸应该为宽*高＝160mm*180mm，再以坐标原点为中心，拉出一个半径为4cm的圆。

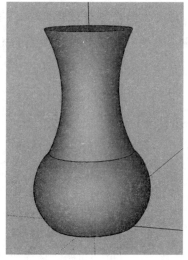

图6-58

3. 最后删除掉花瓶顶的平面，给花瓶添加材质即可。

图 6－59

拓展练习：

能否做一个别样的花瓶，或者一个流线型的立体景观，或者一口老式的重庆火锅？其实就是横截面的形状以及跟随的路径决定了物体的最终形状，试试，会有意外的收获。

（三）多媒体作品设计

【目录】

【内容节选一】

第四章　剪辑师，秀出你的 Freestyle！

同时建子文件夹："原素材""成品"。

1.　双击桌面图标，打开 Edius 6。

2.　单击"新建工程"（见图 6-60）。

3.　进入"工程设置"窗口（见图 6-61）：

①修改工程名称为"第 3 课　魔方小子"；

②选取文件夹为"32 陈博"——"第 3 课　魔方小子"；

③取消勾选"创建与工程同名的文件夹"；

④选取视频参数为"HD1920×1080 50p 16：9 8bit"；

⑤单击"确定"。

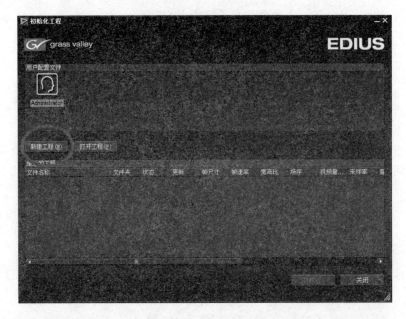

图 6 - 60　"新建工程"

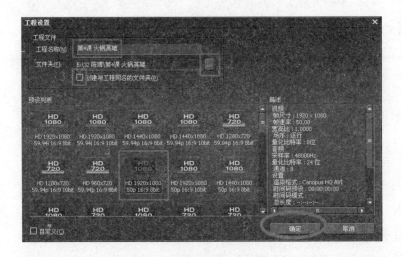

图 6 - 61　"工程设置"

4. 进入 Edius 主界面（见图 6 – 62）。

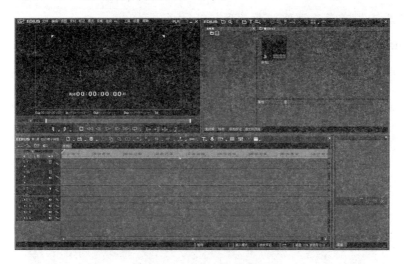

图 6 – 62 "Edins" 主界面

【内容节选二】

背景乐 + 视频原音

直接将视频、背景乐拖至相应轨道，起始点对齐即可。

图 6 – 63 "Edins" 界面

此时，"背景乐"与"视频原音"的音量和谐非常重要，可适当调高"视频原音"音量或调低"背景乐"音量。

在"特效"面板中单击"音频滤镜"，将"音量电位与均衡"拖至名为"1.2"的素材库。

图6-64 "Edins"界面

参考文献

［1］唐欢迎. 关于建设中学创客空间的思考［J］. 科学中国人，2015（12）.

［2］吴俊杰，周群. 进一步推进中小学创客教育的几点建议［J］. 发明与创新·教育信息化，2015（3）.

［3］郑燕林，李卢一. 技术支持的基于创造的学习——美国中小学创客教育的内涵、特征与实施路径［J］. 开放教育研究，2014（6）.

［4］谢作如. 如何建设适合中小学的创客空间——以温州中学为例［J］. 中国信息技术教育，2014（9）.

［5］阿兰. 柯林斯等. 技术时代重新思考教育［M］. 陈家刚，等，译. 上海：华东师范大学出版社，2013.

［6］马克·哈奇. 创客运动［M］. 杨宁，译. 北京：机械工业出版社，2015：30－50.

［7］王志良，闫纪铮，石志国，王新平. 物联网学科建设与教学实践探讨［J］. 计算机教育，2012（19）：45－49.

［8］祝智庭，孙妍妍. 创客教育：信息技术使能的创新教育实践场［J］. 中国电化教育，2015（1）：14－19.

［9］王旭卿. 面向 STEAM 教育的创客教育模式研究［J］. 中国电化教育，2015（5）.

［10］夏伟宁．基于数字化平台的教师培训管理模式的研究［J］．黑龙江教育学院学报，2014，（4）：36 - 37.

［11］杨建红，王立新．新课改理念下基于网络环境的教师培训的实践探索［J］．兵团教育学院学报，2011，（4）：40 - 46.

［12］魏顺平，孙福万．网络环境下工作过程导向的教师培训模式研究［J］．中国教育信息化，2011，（23）：19 - 22.

［13］王晓平．教师培训：从功能、模式到管理［J］．继续教育研究，2013，（2）：54 - 56.

［14］邓士煌，薛剑刚．农村中小学教师培训管理体制研究［J］．当代教育理论与实践，2012，（1）：33 - 36.

［15］孙柏祥．云计算环境下教师培训项目的教学设计和实施过程［J］．中国教育信息化，2010，（11）：53 - 54.

［16］兰觉明．中小学教师培训管理机制的建构与实践［J］．继续教育研究，2012，（3）：106 - 107.

［17］刘飞．宁夏农村教师培训管理现状与对策研究［J］．现代教育科学，2014，（5）：5 - 7.

［18］曾语录．创造适合农村教师的培训［M］．长春：吉林人民出版社，2014：77 - 79.

［19］中华人民共和国教育部．普通高中信息技术课程标准［S］．2017 - 12 - 01.

［20］中华人民共和国教育部．中小学信息技术课程指导纲要（试行）［Z］．2000 - 11 - 13.

［21］屈胜春．高中信息技术课程资源的设计与应用［J］．中国信息技术教育，2014（6）：81 - 82.

［22］邓绮妍．基于微课资源的中学信息技术课程有效学习策略［J］．教育信息技术，2015（7）：23 - 25.

［23］王甲云．基于翻转课堂理念的初中信息技术微课的设计与开发

［D］. 山东师范大学研究生硕士学位论文，2015（5）.

［24］谢海英，黄淑伟. 基于微课及翻转课堂的信息资源管理课程网络教学平台设计与研究［J］. 中国信息技术教育，2014（10）：36 - 40.

［25］徐正涛. 基于 Moodle 的中小学微课建设模式设计和实践研究［D］. 西南大学研究生硕士学位论文，2014（5）.

［26］金陵. 翻转课堂与微课程教学法［M］. 北京：北京师范大学出版社，2015.

［27］林德顺. 翻转课堂与微课程教学法实践研究［J］. 教育学，2016（97）：57 - 59.

［28］刘万辉. 微课开发与制作技术［M］. 北京：高等教育出版社. 2015.

［29］程书肖. 教育评价方法技术［M］. 北京：北京师范大学出版社. 2004.

［30］张静然. 国内外微课程概念辨析及其研究实践现状［R］. 北京：中央电教馆，2014.

［31］罗化瑜. "慧学"体系建构［R］. 重庆：重庆二十九中，2015.

［32］徐新. 充满生机与活力的澳、新科技社团［J］. 福州：学会，2002（6）：44 - 45.

［33］尹平均. 天津市科技社团服务体系建设的对策措施［J］. 福州：学会，2003（2）：9 - 10.

［34］北京市学生联合会. 北京高校学生社团的现状与发展报告［J/OL］. 中国高校社团网龚瑜. 两年来上海高校社团数量增长37%［N］. 中国青年报，2008 - 12 - 16.

［35］共青团中央、教育部. 关于加强和改进大学生社团工作的意见［EB/OL］. 北京：中国共青团，2011.

［36］曹领娣. 重视中学生社团建设创新学校共青团活动模式［EB/OL］. 江苏：海陵共青团，2007.

［37］李凌，王颉. "创客"：柔软地改变教育［N］. 中国教育报，2014 - 09 - 23（5）.

［38］（美）Chris Anderson. 创客：新工业革命［M］. 北京：中信出版社，2012.

［39］龚婷，邹倚岚. 互联网时代的创客运动特点及其启示［J］. 高等教育研究学报，2014（6）.

［40］何世忠，张渝江. 创客运动——学习变革的下一个支点［J］. 中国信息技术教育，2014（8）.

［41］创客教育：杰客与未来消费者——2014 地平线报告刍议［J］. 中国信息技术教育，2014（9）.

［42］傅骞，王辞晓. 当创客遇上 STEAM 教育［J］. 中国信息技术教育，2014（10）.

［43］庄雅婷. 虚拟社群之经营［J］. "国立"台湾师范大学硕士论文，2000（7）.

［44］顾明远. 教育大辞典［M］. 上海：上海教育出版社，1990（1）.

［45］Lorin W. Anderson（sd.），International Encyclopedia of Teachingand Teacher Education，p. 6，UK：Elsevier ScienceLtd.，1995.

［46］刘捷. 挑战 21 世纪的教师［M］. 北京：教育科学出版社，2003.

［47］邓金. 培格曼最新国际教师百科全书［M］. 北京：学苑出版社，1989.

［48］陈永明. 教师教育研究［M］. 上海：华东师范大学出版社，2003（8）.

［49］Kent C. The Nutsand Bolts of Discovery Centers［J］. Scienceand Children. 2005（11）.

［50］Linda M. The "Caterpillar"：Amobilescience and naturecenter［J］. Clearing. 2005（118）.

［51］Jones，A. & Moreland，J. Technologyeducationin New Zealand The journal of technologystrudies［J］. summerfak（2002）.

［52］Mernill. C. Integrated Technology，Mathematics，and Science Education：A Quasi-Experiment［J］. Journal of Indaustrialteachereducation. 2001，38（3）：45 -61.

［53］魏忠. 教育正悄悄发生一场革命［M］. 上海：华东师范大学出版社，2014.

［54］Viktor Mayer-Schonberger，Kenneth Cukier. 大数据时代［M］. 杭州：浙江人民出版社，2013.

［55］龚颖. 泛在学习环境下的教学资源建设研究［J］. 江苏广播电视大学学报，2009（120）：115 -117.

［56］付蓉. 泛在学习环境下的教学资源建设研究［J］. 中国教育技术装备，2012（273）：11 -112.

［57］杨现民. 泛在学习环境下的学习资源进化模型构建［J］. 中国电化教育，2011（296）：80 -86.

［58］杨现民. 泛在学习环境下的学习资源有序进化研究［J］. 电化教育研究，2015（261）：62 -68.

［59］余胜泉. 泛在学习环境中的学习资源设计与共享"学习元"的理念与结构［J］. 开放教育研究，2009：47 -53.

［60］潘基鑫. 泛在学习理论研究综述［J］. 远程教育杂志，2010（197）：93 -98.

［61］余胜泉. 泛在学习资源建设的特征与趋势——以学习元资源模型为例［J］. 现代远程教育研究，2011（114）：14 -21.

［62］郭靖花. 谈泛在学习环境下的学习资源建设［J］. 中国教育技术装备，2014（342）：51 -53.

［63］杨现民. 泛在学习时代的资源建设——走向生成与进化［M］. 北京：电子工业出版社，2016（12）.

后 记

　　"忆往昔，岁月如歌。"重庆名师罗化瑜工作室成立以来，学员们通过理论学习、专家引领、网络研讨、课堂观摩、主题沙龙等系统研修，个人素养和专业水平不断提升，逐渐凝聚成为一支充满活力、具有教育智慧的学习共同体，工作室学员暨慧学工作坊坊主重庆巴蜀小学令狐林、重庆巴蜀中学张荣庆、重庆一中金晓凌、重庆二十九中王希旭、重庆外国语学校戴茂、重庆两江星辰中学吴跃进、云阳教师进修学院曾月光、重庆二十九中李艺等一大批优秀青年教师脱颖而出。

　　三年来，重庆名师罗化瑜工作室、罗化瑜劳模创新工作室及重庆市高中课程创新基地开展了名为"慧学""慧教""慧人生"的三轮台阶式研修活动共计200余期，旨在帮助工作室学员找准角色定位、提升教师素养、探寻未来方向、规划专业发展。期间，重庆近50所、全国近400所学校广泛参与到工作室牵头的"互联网＋""创客教育"等研修活动中。

　　第一年，"慧学"，强化"学"的能力，工作室为此建立了基于教师专业发展的学习共同体。各位教师通过系统的理论学习、精准的专家指导、扎实的技术培训、广泛的读书活动、认真的交流研讨，重新认识自我，转换角色，重新出发，为启航打下坚实的基础。这一年，我们懵懵懂懂，蹒跚学步。

第二年，"慧教"，研习"教"的方法，工作室以课题研究为载体，在教学中研究，在工作中研究，在研究中成长。我们开展了泛在化学习、微课评价、课程教学、学生社团、教师培训、创客教育等系列主题研究活动，成立了重庆市青少年创客教育联盟，承担了重庆市信息技术课程创新基地，出版了《三段式修炼》，还通过跨区域、跨学科的名师工作室合作交流，为教师提供"研"的平台和"教"的舞台。这一年，我们磨砺前行，痛并快乐。

第三年，"慧人生"，融合"教育新生态"，在跨界中成长，在融合中创新。微时代、微分享、微成长，我们顺利结题了工作室重点规划课题，成功举办了重庆市 STEAM 教育高峰论坛和重庆市青少年创客嘉年华活动，成功承办了重庆市教育学会信息技术教育专业委员会年会，还出版了《信息技术教师的六顶思考帽》等累累硕果，我们的身影活跃在各类教学、讲学、研学的主战场。这一年，我们扬帆远行，让梦飞翔。

"望未来，砥砺前行。"尽管三年的研修活动结束，但在前行的路上，我们会继续努力构建基于互联网思维和云计算技术支持下的"慧学"教师学习共同体，探索"慧学"模式，打造"慧学"课堂，挖掘"慧学"内涵，实现"慧学"理想。

"如烟往事俱忘却，心底无私天地宽。"感谢重庆市教委各级各部门提供的发展平台、给予的高度关心和悉心指导；感谢清华大学、北师大、华东师大、华中师大、西南大学、中国教育技术协会、重庆市青少年创客教育联盟以及学员所在单位的大力支持；另外，华东师大硕士付丹丹、重庆二十九中刘若玢、陈江、张银铃等老师协助后期编辑工作，一并致谢。

感谢一起走过三年风雨的各位工作室学员，你们辛苦了！

匆匆那三年，邂逅大数据，相遇"互联网＋"，相约创客教育。

匆匆又三年，一起"慧学"，协同"慧教"，追梦"慧人生"。

致我们一起走过的日子，致青春！

罗化瑜

2018 年 12 月 29 日